中华经典之道丛书

顾作义◎编著

《六祖坛经》之修心之道

暨南大学出版社
JINAN UNIVERSITY PRESS
中国·广州

图书在版编目（CIP）数据

《六祖坛经》之修心之道/顾作义编著．—广州：暨南大学出版社，2022.8
（中华经典之道丛书）
ISBN 978－7－5668－3396－9

Ⅰ.①六…　Ⅱ.①顾…　Ⅲ.①《六祖坛经》—研究
Ⅳ.①B946.5

中国版本图书馆 CIP 数据核字（2022）第 066127 号

《六祖坛经》之修心之道
《LIUZU TANJING》ZHI XIUXIN ZHI DAO
编著者：顾作义

出 版 人：张晋升
责任编辑：周玉宏
责任校对：刘舜怡　黄亦秋
责任印制：周一丹　郑玉婷

出版发行：暨南大学出版社（511443）
电　　话：总编室（8620）37332601
营销部（8620）37332680　37332681　37332682　37332683
传　　真：（8620）37332660（办公室）　37332684（营销部）
网　　址：http://www.jnupress.com
排　　版：广州良弓广告有限公司
印　　刷：深圳市新联美术印刷有限公司
开　　本：850mm×1168mm　1/32
印　　张：6.75
字　　数：108 千
版　　次：2022 年 8 月第 1 版
印　　次：2022 年 8 月第 1 次
定　　价：42.00 元

总　序

中华优秀传统文化历史悠久，博大精深，魅力无穷，是中华民族的“根”、中华民族的“魂”，是中华文化自信的源头与活水，也是中华民族的力量所在。

中华优秀传统文化也是人类共有的精神财富，具有普遍意义。正如习近平总书记指出：“中华文化源远流长，积淀着中华民族最深层的精神追求，代表着中华民族独特的精神标识，为中华民族生生不息、发展壮大提供了丰厚滋养。”①

中华经典是中华优秀传统文化的“精华”，是我们增强中华文化自信、自尊、自觉的积淀；它是超越时空的，跨越国界的，一直能够回应当代人的生活之问，特

---

① 习近平：《习近平谈治国理政》（第一卷），北京：外文出版社 2018 年版，第 164 页。

别是在科技发达、社会巨变的时代，为我们提供了走出价值迷津，防止人性物化的“良方”。学习中华经典也是一个人寻求自我完善的最佳途径。

读经典是与高人对话、与历史对话、与人生对话、与生命对话，是吸收精神滋养，开启智慧，丰富人生。经典穿越时空，观照当下，照亮未来。读经典要“入乎其中，又出乎其外”，要消化、吸收、更新。学习经典要从认知入手，朗读、记忆、思考，然后去体悟和运用。读经典最有效的办法是带着问题去研读，这样才能有收获。我们如果能有一个读书计划，每两个月读一本，一年读六本，三年的时间也可以精读十八本。如果能立志、坚持，一定能实现博学、笃行。

当下，有些人对中华传统文化的理解，大多局限于“中国结”“功夫”“美食”“手艺”等符号化、浅表性的平面维度上，缺乏对其精神内核、价值理念、道德思想和审美情趣的学习和研究，其实，这些才是中华优秀传统文化最宝贵、最核心的内容。而这些宝贵的精神思想和审美理念，都蕴含于中华经典之中。从形式范畴的角度来看，中国传统文化的结构可以划分为五个层面，即“道”“器”“法”“术”“势”，如下所示：

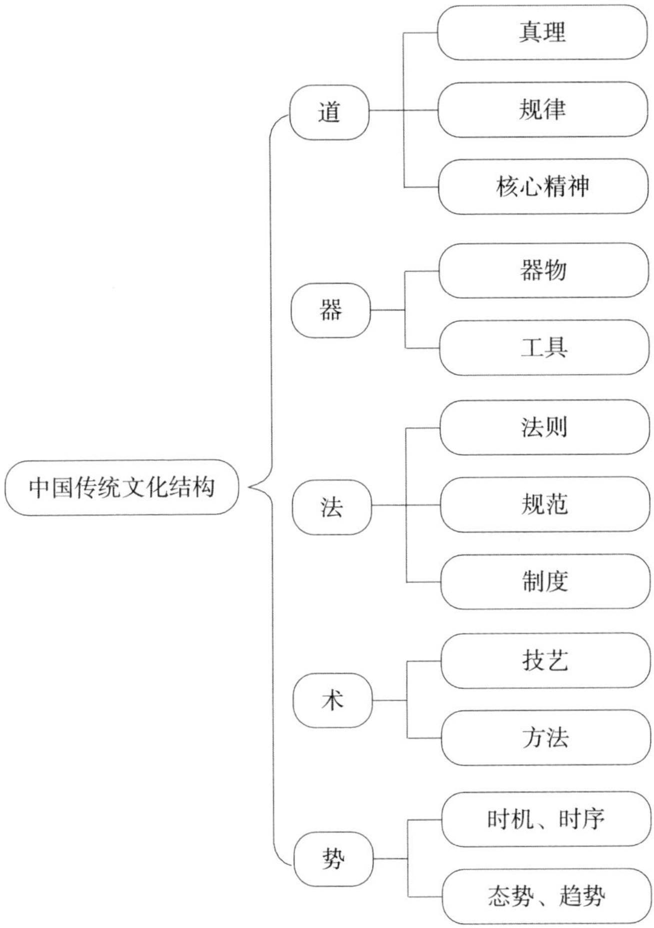

如果从内容范畴着眼，可把中华优秀传统文化划分为三个层次：

1. 第一个层次：道

“道”涵括两个方面：①精神基因、价值取向；②世界观、方法论。具体包含：

（1）“天下为公”的社会理想；

（2）“天人合一”的生存智慧；

（3）“民为邦本”的为政之道；

（4）“民富国强”的奋斗目标；

（5）“公平正义”的社会法则；

（6）“和谐共生”的相处之道；

（7）“自强不息”的奋斗精神；

（8）“精忠报国”的爱国情怀；

（9）“革故鼎新”的创新意识。

2. 第二个层次：德

“德”指向行为方式，具体包含：

（1）“中庸之道”的行为方式；

（2）“经世致用”的处世方法；

（3）“仁者爱人”的道德良心；

（4）“孝老爱亲”的家庭伦理；

（5）“敬业求精”的职业操守；

（6）“谦和好礼”的君子风度；

（7）“包容会通”的宽广胸怀。

3. 第三个层次：艺

“艺”涵括艺术形态和审美情趣，具体包含：

（1）“诗书礼乐”的情感表达；

（2）“琴棋书画”的艺术情趣；

（3）形神兼备、情景交融的美学追求；

（4）俭约自守、中和安泰的生活理念。

那么，如何学习和弘扬中华优秀传统文化呢？习近平总书记提出了“双创”的原则——“创造性转化、创新性发展”。具体来说，就是应力求做到五个“贯通”：

第一，贯通儒、释、道。中国传统文化的发展脉络是“一源三流”，如下所示：

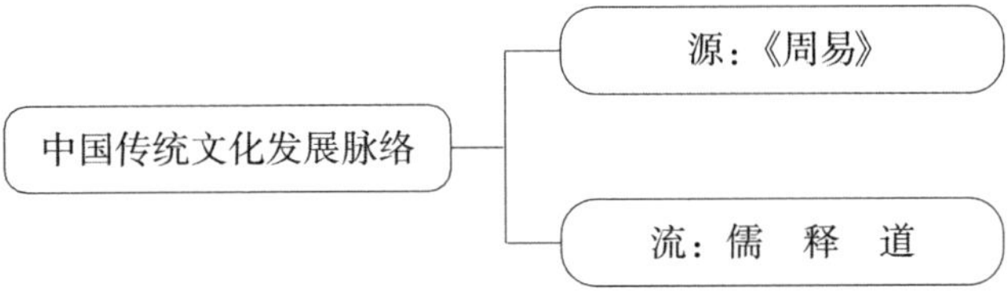

儒、释、道可以说是中国传统文化的三大支柱，既有共同的思想与理念，也有不同的观点与方法。可以说，它们是你中有我，我中有你，但又各具特色。如儒家的

“入世”与佛家的“出世”，儒家的“有为”与道家的“无为”，都存在内在的联系，只有取长补短、博采众长，才是科学的态度和正确的方法。

儒、释、道三家各有其独特的理论体系，发挥着独特的功能，它们之间不完全是对立的，有着很强的互补性。儒学是养性，主要讲为人处世的德行，用“仁、义、礼、智、信”作为准则，讲的是如何处理好人与人之间的关系。释家即佛学是养命，主要讲的是人自身的身心和谐，讲的是人的“灵性”，是一种对生命的终极关怀。佛学认为“心生万法”，修命可以理解为“修心”。道学是养身，“万物与我为一”“道法自然”，主要是讲人与自然的关系，要与自然和谐相处。人的身、心、性、灵的修养，离不开“三教”的学问，必须融会贯通。历史上不少思想家如王阳明、梁启超、梁漱溟等都是跨“教”的高手，他们善于把“三教”的思想融会贯通。其实，在中华经典中，“三教”的经典是互相渗透的。有人说，人生的最高境界是：佛为心，道为骨，儒为表。

第二，贯通“道、术、势”。中华优秀传统文化有三大基本内容，一是“道”，这是真理、规律，是中国传统文化的核心精神，“道”决定了“德”，表现为

“术”，适用于“势”，学习领悟传统文化关键在于“悟道”“行道”；二是“术”，这是“道”的表现形式和创造方式，是中国人的思维方式在行为上的表现，也是实现“道”的策略和方法；三是“势”，这是事物的发展趋势、形势，是当下的运用，是“道”与“术”的落脚点。中华优秀传统文化的学习和运用，要用“道”来统率“术”和“势”，直达文化的内核，这是领悟传统文化的根本。为此，学习中华优秀传统文化要把重点放在明道、养德、启智。

第三，贯通文、史、哲。哲学家培根说：“读史使人明智，读诗使人灵秀，数学使人周密，科学使人深刻，伦理学使人庄重，逻辑修辞之学使人善辩。凡有所学，皆成性格。”在对经典的解读中，文学可以把抽象的理论讲得生动有趣，史学可以以史为鉴、启智明理，哲学可以使之深刻透彻，把这三者贯通起来可以相得益彰，实现道、德、艺的统一。

第四，贯通古今。经典的学习是以古鉴今，古为今用。这就要适应时代的变迁，与时俱进，立足当下，关注现实，从中寻找解决现代人心灵、道德困境的方法。

第五，贯通中西。中华优秀传统文化是中国的，也是世界的。对中国传统文化妄自菲薄是缺乏自信的表现；而夜郎自大，对外来文化加以排斥则是傲慢的表现。因此，必须互相尊重、理解、借鉴、交流，一方面，要用开放的胸襟接纳、借鉴外来的文化并加以创新，把西方优秀文化本土化；另一方面，让中华优秀传统文化走向世界，增进世界对中国文化的理解，增强中华文化的创新力、感召力和影响力。

习近平总书记 2014 年 9 月 24 日在纪念孔子诞辰 2 565 周年国际学术研讨会暨国际儒学联合会第五届会员大会开幕会上的讲话指出："在带领中国人民进行革命、建设、改革的长期历史实践中，中国共产党人始终是中华优秀传统文化的忠实继承者和弘扬者，从孔夫子到孙中山，我们都注意汲取其中积极的养分。"

然而，经典毕竟是几千年前的产物，随着时代的进步，有的内涵发生了变化，我们不能"食古不化"，而应在中国文化优秀基因的基础上，赋予其新的内涵并加以丰富和发展，这就需要进行现代解读，这个解读就是习近平总书记指出的进行"创造性转化、创新性发展"。具体来说，解读的方法有以下几种：一是选择新的视角。经典的内涵是丰富的，全面的学习是一个基础。在此基础上，要观照当下，紧扣当今人们的精神呼唤，直面新需求、新问题，用新的视角去解读、去体悟，从中获得新的答案。二是实现新的转化。中华经典是历史的产物，随着时代的发展，必然有新的语境、新的要求，为此，在转化中要“不忘本来”，不忘中华优秀传统文化的根脉，注入时代精神，赋予新的内涵，焕发其生机和活力；要“吸收外来”，以开放的心态，接纳世界的优秀文化，取长补短，博采众长，既不自卑，也不自大；要“面向未来”，着眼于造福子孙万代和永续发展，为未来的发展夯实根基，提供不竭的精神动力和力量源泉。三是致力于新的超越。经典可以温故知新，思想文化的新发现，科学技术的新发明，为新思想、新观点创造了新条件，这就要在新的时代加以丰富和发展。正是基于以上的认识，我从几年前着手进行“中华经典之道丛书”的写作，完成了《〈劝学〉之学习之道》《〈黄帝内经〉之养生之道》《〈道德经〉之辩证思维之道》《〈菜根谭〉之处世之道》《〈庄子〉之生命关怀之道》《〈六祖坛经〉之修心之道》《〈人物志〉之用人之道》《〈列女传〉之女性修养之道》等。这一丛书的写作有三方面考虑：一是分主题切入，分类选择主题，集中于某一个侧面进行解读；二是观照当下，关注现实，结合当代人的现实生活，以古鉴今；三是力求通俗易懂，经典大多比较深奥难懂，为此，必须用现代的语言进行讲解，用讲故事的方法来阐述道理。

“中华经典之道丛书”中每一册以一部经典为范本，选择一个主题作为切入点对经典进行导读，始终在“贯通”两字上下功夫，观照当下，学以致用，寻找传播、普及中国传统文化的新路径，这也是一种新的尝试。

“中华经典之道丛书”的写作，让我重温经典，对我来说是一次再学习，我从中增长了知识，更为重要的是完成了心灵的修炼，虽然辛苦，但乐在其中。由于能力、水平有限，本丛书一定存在一些不足，期待得到读者的指正。

是为序。

作者于广州

2022 年 3 月 25 日

目　录

引　言

中国传统文化有三个杰出的代表人物，分别是老子、孔子和慧能，他们分别创立道家、儒家和禅学。老子所代表的道家，其核心的思想是讲“道”，主张“道法自然”“天地与我并生，而万物与我为一”，强调要处理好人与自然的关系，实现人与自然的和谐；孔子所代表的儒家，其核心思想讲的是“仁”，主张“尊道崇德”，以“仁、义、礼、智、信、温、良、恭、俭、让”作为为人处世的准则，强调处理好人与人之间的关系，实现人与人之间的和谐相处；而慧能所创立的禅学，继承和创新了佛学的思想精华，把外来文化和中华传统文化结合起来，主张“心物一体”，明心见性，修好一颗心，强调“心性”的自信、自觉、自悟，强调实现人的身、心和谐，慧能的禅学是认知之学、修心之学，也是生命之学。

我在“中华经典之道丛书”的写作过程中，先是研读《易经》，因为它是“群经之首”，是中国传统文化的源头。后来又分别研读了儒家的“四书五经”，这是中国传统文化中一直处于主体地位的经典学说，是人们修身、齐家、立德之本。而后研读了《道德经》，这是中国传统文化之根本，它充满了灵动的哲思，其辩证思维使人脑洞大开，同时让我们树立了生态文明的理念，确立了人类命运共同体的意识。这次研读了《六祖坛经》，其中“中道”的思维方式以及儒、道、禅思想的融合，给人以新的思维、新的视野。

《六祖坛经》可以称为一部心灵之书，充满对生命的终极关怀，其思想境界更为高远。我对中华经典的学习、研究，正是循着儒、道、禅的过程一步步地走来，经历了青年时期的“提得起”，中年时期的“放得下”，老年时期的“参得透”，追寻生命关怀的身、心、社、灵四个层次的修养，而从中获益甚多。

当今社会经济高速发展，科技发展日新月异，新生事物层出不穷，新的现象让人眼花缭乱，人们在人生的旅途中，急匆匆地向前奔跑，有的人虽然物质生活很富足，却感到不快乐；有的人整日奔忙，却不知道向何处去，前路越来越茫然；有的人为了追求功名利禄，不惜透支生命；有的人为了寻求感官的享受，满足物质的欲望，不惜铤而走险，变成了金钱的“奴隶”，走上了不归路。人们感叹人的“心病”越来越多，这种“心病”可以分为三种程度：轻度的是感到人生没有意义，活着不幸福，整天处于浮躁、焦躁、急躁的状态；中度的是抑郁症，整天处于恐惧、担忧的状态；重度的是精神失常，严重的失眠，甚至神经错乱和轻生。如何让吾心安静、安宁、安详，这已经成为一个新的问题，如何培养良好的心性，养成淡泊的心态，塑造旷达的心境，这对每一个现代人来说都至关重要。

诗人王维在《终南别业》中说：“行到水穷处，坐看云起时。”意思是说：登山时逆流而上，行至山泉的尽头，最后溪流不见了，此时不妨索性坐下来，看那悠闲无心的云彩随风飘游，不需多时，雨将至，水也将至，让身心得到放松，逍遥自在。在人的一生中，我们对学业、事业、爱情、家庭等苦心经营，却常常碰到困难、挫折、失落而走向绝路。不少人发出疑问，何处是我安心之处，如何修好一颗心？身处绝境的人，如果将自己一颗心安放在太空中，愉快地欣赏大自然，体会广袤的天空和宽广深远的人生境界，就不会觉得自己身处穷途末路。

印光法师曾写了一首《心命歌》（见《〈印光法师文钞〉三编补》）：

心好命又好，富贵直到老。命好心不好，福变为祸兆。

心好命不好，祸转为福报。心命俱不好，遭殃且贫夭。

心可挽乎命，最要存仁道。命实造于心，吉凶惟人召。

信命不修心，阴阳恐虚矫。修心一听命，天地自相保。

这首歌谣所讲的是：修心就是修福报，修心就是存仁心，修心就是循天道。“修心”是当代人面临的一个新课题。

那么，在中华经典中是否有一本典籍可以作为我们修心的经典读本？回答是肯定的，这就是《六祖坛经》。《六祖坛经》是唯一一部由中国人撰述并被尊崇为“经”的中国佛学典籍，是南禅宗的创始人六祖慧能大师的得道经过以及他对佛法的讲述，由弟子法海集录成书。

慧能（638—713），祖籍范阳，随父流放岭南新州（今新兴县）。三岁时父亲去世，后随母亲移居南海，十二岁初听《金刚经》而外出求法，十四岁时离开五祖弘忍，开始长达十五年自性自悟的修炼，三十九岁时走出深山开始了弘法生涯，七十六岁时在广东新兴县国恩寺去世，留下了一部禅学经典《六祖坛经》。

《六祖坛经》的主旨是心性本净，佛性本有，一切众生皆可成佛，慧能提倡从自心中顿见本性，修行的法门以无念为宗，无相为体，无住为本。

《六祖坛经》在整个中国文化的传承中，起着承上启下的作用。“承上”在于，它以佛教的思想为依据，融合了儒家与道家的思想，是中国文化大融合的集大成者；“启下”在于，它的“心性”学说极大地影响了宋明两代理学家的思维方式和思想内容，影响了宋、元、明、清代中国文化的走向，如朱熹、王阳明、陈白沙、湛若水等人的理学和心学。

《六祖坛经》很通俗，也很玄妙、很美，所以人们视读《六祖坛经》为人生一大乐事，人云：“人生最大幸福事，夜半挑灯读坛经。”人们之所以将读《六祖坛经》作为人生的一大乐事，是因为它能使人的心灵得到安静、人的性情得到平和、人的智慧得到开发。

《六祖坛经》在中国哲学思想史、文化史上具有举足轻重的地位。国学大师钱穆说，中国人有九本书必须要读，上古六部，是孔孟老庄的《论语》《孟子》《大学》《中庸》《老子》《庄子》。近古是《近思录》《传习录》，朱子编的《近思录》，是宋明理学最核心的一本书；王阳明的《传习录》是陆王心学的核心。从隋唐到宋代的前期，只有一部书是中国人必须要读的，那就是《六祖坛经》，可见《六祖坛经》不仅仅是佛教的一部经典，也是传承了中华文脉的一部经典。

《六祖坛经》不但是中国人心灵修炼的典籍，也受到外国人的尊崇。西方人瓦茨氏（Alan Watts）认为《六祖坛经》是“东方精神文学的最大杰作”。

在迈入21世纪的今日，学禅已成为世界潮流，例如在美国，“禅”学成为训练宇航员专注禅定的方法。

“禅”是什么?“禅”是自然天成的本来面目，“禅”是我们的本心自性。“禅”是人无杂念的静思，自然率性，百事无为。“禅”是平和安宁的境界，平和、豁达地学习、工作和生活。“禅”也是一种修心法门，“心注一境”“正审思虑”，排除杂念的干扰，实现从善去恶、由痴到智、由浊到清的转变。

“禅”有无限的意义、广阔的内容、高远的境界，如果我们每一个人都有一颗禅心，对于自己心境的拓宽、精神的升华、人格的健全、心物的调和，都会有很大的帮助。如：一句难堪的言语，一个尴尬的场面，一段不悦的往事，在禅的洒脱、幽默、勘破、逍遥之中，一切都会烟消云散。因此，禅之于每一个人的生活，都是非常重要的。

也许你会觉得生活的压力太沉重，生活的环境不如意；也许你会觉得情感太无奈，爱情太难找，亲情薄如纸；也许你会觉得事业太艰难，处处有挫折、有阻碍；也许你会觉得前路茫茫，不知何处是归宿。此时此刻，在夜深人静之时，品一杯香茗，读一读《六祖坛经》，定能让心境得到宁静，体味到人生的另一种境界。

《六祖坛经》作为一门心性哲学，运用了许多宗教的词汇，充满玄妙的哲思，虽然语言通俗、浅白，却不容易理解得透彻，为此，我在写作《〈六祖坛经〉之修心之道》时，力求将儒、道、禅加以贯通，对人们心灵世界加以观照、分析，阐述修心之道。这个修心之道，大致包括如下内容：

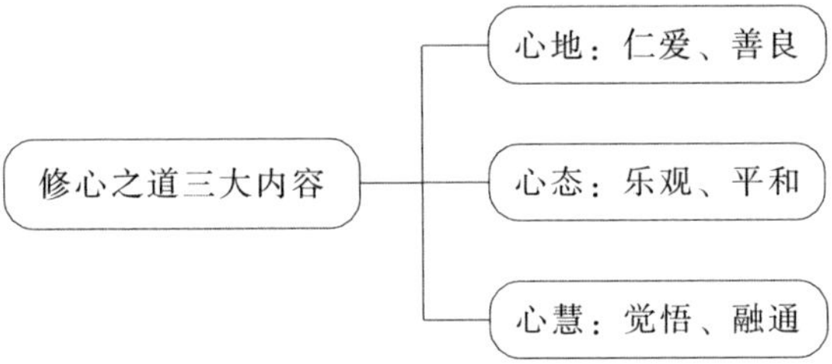

一是培育仁爱、善良的心地。这是人的初心和本心，是良好的品格、健全人格的土壤和种子。从数学的运算方式来看，心地是1，品德、性情、努力是0。正如孔子所说："弟子，入则孝，出则悌，谨而信，泛爱众，而亲仁。行有余力，则以学文。"按照孔子的思想，一个人学习知识是建立在孝悌、诚信、仁爱这个高尚的道德基础上的。柏拉图在《理想国》中也表达类似的思想："如果得到的是不适合的培养，那么最好的天赋就会比差的天赋所得到的结果更坏。"因此，修心的核心内容是培育纯净的心地，播种仁爱、善良的种子。

二是养成乐观、平和的心态。只有保持好心态，才会拥有好心情、好心境。人生有顺境，也有逆境；有快乐，也有痛苦；有福、禄、寿，也要面对生老病死，这就要求我们“参得透”功名利禄，“放得下”恩怨得失，“忍得了”荣辱沉浮。特别是要在身处困境之时仍然能够保持乐观平和的心态，处之泰然、旷达、自在。即使身处逆境，也能坦然、豁达、乐观地面对，拥有百折不挠的意志和化解痛苦的智慧。

三是拓展人的心慧，直达心灵的觉悟。修心的落脚点是心的觉醒、觉悟，既是思想境界的提升、道德情操的陶冶，更是人生的练达和心智的开发。这就是要拥有中庸的智慧，为人处世力求达到适度、适时、适人，恰到好处的状况；善于通权达变，欲进步能思退步，欲得手时先放手，事临头三思而行，怒上心忍让冷静，得意时不骄不躁，失意时不悲观失望，在“中庸”中实现超越、融通和卓越。这也许是本书与众多的解读《六祖坛经》的著作的不同之处。

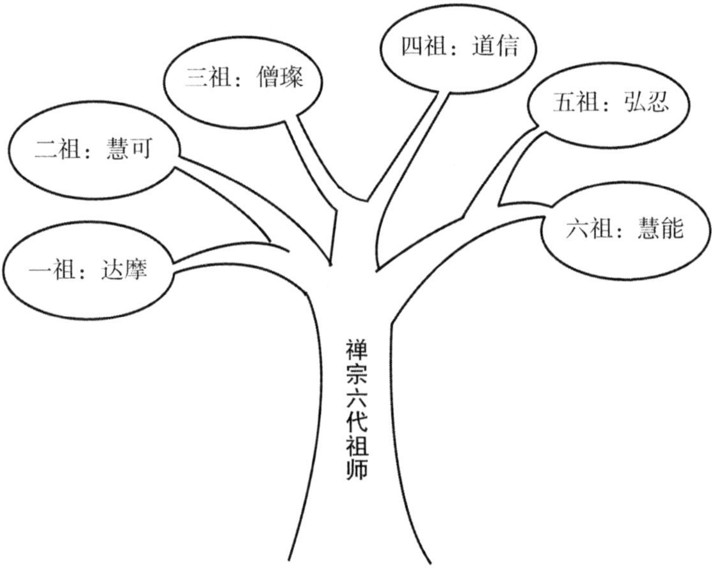
四祖：道信
三祖：僧璨
五祖：弘忍
二祖：慧可
六祖：慧能
一祖：达摩
禅宗六代祖师

第一讲　《六祖坛经》是一部修心养性的宝典

《六祖坛经》是中国禅门的根本宝典，其主要的思想可以概括为一个字，这就是“禅”。禅融合了中印文化思想，融合了儒、释、道的思想。禅，是一种生活，是真善美的境界，是常乐我净的领悟。禅，是一种智能，是真心，是吾人的本来面目。禅，虽然是古老的思想文化遗产，但更是现代人美满生活的源泉，它的功用对人来说可以扩大心胸、坚定毅力、启发智能、调和精神、愉悦身心、增强能量，尤其禅能令我们认识自己，所谓“明心见性，悟道归源”。在这一讲里，主要讲讲由六祖慧能开创，陈白沙、湛若水丰富和发展的岭南心学，了解中国心学的历史演变和发展；阐述《六祖坛经》心学的要义，对其基本内容加以把握；阐述《六祖坛经》心学对丰富当代人的心灵世界的现代意义。

一、《六祖坛经》是中国心性哲学的第一部经典

在中国传统文化中，儒、释、道三家都很重视“修心”。儒家的“亚圣”孟子在《尽心篇》中说：“尽其心者，知其性也。知其性，则知天矣。存其心，养其性，所以事天也。夭寿不贰，修身以俟之，所以立命也。”孟子认为一个人不能丧失心的本来状态，保存他内心的原

状，然后“养育他的本性”，这是“事天”的正确方法。孟子在《告子上》中又说：“恻隐之心，人皆有之；羞恶之心，人皆有之；恭敬之心，人皆有之；是非之心，人皆有之。”这“四个心”分别代表着仁、义、礼、智，为“德”的四端。宋代大儒张载提出要“为天地立心，为生民立命”，道家祖师老子提出要“以天下之心为已心”。可见，儒家和道家对修心给予高度的关注。而六祖慧能对人的心灵的修炼更为关注，思考更为深邃，内涵更为丰富，方法更为科学，从而创立了一门独特的心学。

（一）“修心”两字的汉字解读

修，形声兼会意字，繁体为“脩”。篆文为“”，由“”（攸）和“”组成，“攸”的本义为洗沐修治，“彡”，表示装饰，《说文·彡部》：“修，饰也。从彡，攸声。”意思是说，“修，纹饰，字形采用‘彡’作偏旁，‘攸’作声旁”。“修”有修饰、修理之意。

心，象形字。甲骨文为，像人和动物心脏的形状，上面的左右短斜线可以看作心脏的血管或瓣膜。金文，是一个惟妙惟肖的心形，少了左右的斜线，多了中间的一点，表示心脏里有血。篆文，中间像人体内椭圆形

心脏的形状，图案突出了心脏上端的动脉入口管道。

《说文·心部》："心：人心，土藏，在身之中。象形。博士说以为火藏。凡心之属皆从心。"意思是说：人的心脏，是属火的脏器，藏在身躯的中部。依博学之士说，心是属火的脏器。所有与心相关的字，都采用"心"作偏旁。从"心"的字形看，心的甲骨文、金文均像心脏的形状。古人早已认识到心脏在人体中处于主导地位，将其看作主宰身体的器官，"耳目鼻口手足六者，心之役也"。人的"心"起着泵出、运送血液的功能。心有新陈代谢之功，是人的生命存在和生机勃发的条件。

古人认为心不但是泵血的器官，还是感知器官、思维器官。《黄帝内经》说："心者，生之本，神之变也。""心者，君主之官也，神明出焉。"又说"心藏神，主神明"。心是人一身之主，主宰着人的精神、思想、意识、情感，掌握着人的气血盛衰以及精、气、神和思维功能。《礼记》也指出"总包万虑谓之心"，认为心是用来思考的。心助大脑思考是古人的深刻洞见。因此，"心"引申指头脑、思想，《孟子·告子上》："心之官则思，思则得之，不思则不得也。"心又指一个人的内心。心还引申指心意、心思，《诗经》："他人有心，予忖度之。"《周易》："二人同心，其利断金。"

如今，"心"延伸到更为广阔的领域，不但指生理之心、情感之心，还用于指思想、精神、意念、心理、心境、心态等，特别是用于人格的完善。

"修心"两字包含了修心的意义、内涵和方法：

第一，修心是修身之本。

古罗马西塞罗说："修养之于心地，其重要犹如食物之于身体。"修身要从心开始，通过不断地修炼内心，清除内心的杂念，才能提高自我修养。修心就是修持一颗平静、平和的心，心态放正了，一切都会安然。《礼记·大学》："欲修其身者，先正其心。"要修身，需先修心，要修正我们的言谈举止，能在心地上打好仁德的基础。修心最难的，莫过于战胜自己的欲望与降伏内心的妄念，王阳明说："破山中贼易，破心中贼难。"这就需要我们在艰难困苦中，培养一种宽忍、坚强、乐观的心态。"修"可谓致广大而尽精微，从修心，到修身，再到修言，都是人生的修行境界。穿衣时"衣贵洁，不贵华。上循分，下称家"，就修出了一份从容端庄，对仪礼的敬重；吃饭时"对饮食，勿拣择。食适可，勿过则"，就修出了一份对获得的感恩，对贪欲的释然；睡觉时"朝起早，夜眠迟。老易至，惜此时"，就修出了一份对健康、对生命的尊重；与人交谈时"凡出言，信为先。诈与妄，奚可焉"，就修出了一份口德的涵养。

孙叔敖任楚国宰相时，许多官吏和乡亲都前来道贺。但是，有一位老人却穿粗麻衣、戴白帽子以丧服吊唁他。众人都觉得老人真是触霉头，孙叔敖却赶紧整冠肃衣迎接老人，恭敬地请教他："楚王不知道我能力不足，委我相位，众人都来向我道贺，但我恐怕以后要承受百姓的责怪。您说来吊丧，一定有高见要指教吧?"老人说："的确有些话想提醒你：身份高贵而对人骄傲，必会被人民抛弃；地位高而擅权，必遭君王讨厌；俸禄多而不知足，必招灾祸。"孙叔敖恭敬地道谢："谨遵教诲，您还可以再教我一些吗?”老人说:“地位越高,态度越要谦卑;官位越大,越要细心;俸禄越多,取舍越要谨慎。能谨守这三点,就足以治好楚国了。”孙叔敖虚心听取了老人的话,成为廉洁的名相,上任三个月,楚国大治。

孙叔敖听从老人的劝导,注重修心,去掉傲慢、贪婪、狂妄,脚踏实地,虚怀若谷,不但得其位,全其身,而且为国家建立了功勋。

第二,“修心”关键在于纯洁人的心灵。

修心的内容是多方面的,包括培养远大的志向、刚健的精神、浩然的正气、健全的人格等。其基本的内容有如下三个方面:

一是要有善良之心。人者,天地之心。天地之心何以见?就在人心的善念之间,人心之善便是天地之正理。孟子认为仁义礼智根于心,心是道德善性的源泉,人心固有的善要通过尽心、存心、养心来实现,以仁存心,以礼表心。张载说“为天地立心”,这个心,就是人的善良、恻隐、仁德之心,为天地立心,就是效法天地之德,为社会建立一个以道德为核心的价值体系,让人们有一颗向真向善向美的心,为自己的目标和信念而努力。

二是要有高洁之心。“心”的字形既似人心，也似一朵含苞待放的莲花，意味着要像莲花那样高洁清静。《吕氏春秋》说，心“在肺之下，膈膜之上，着脊第五椎。形如莲蕊，上有四系，以通四脏”。莲花自古以来就用以比喻一个人心性澄明、洁身自好；为抵御世俗名利的侵袭，保持正直中道，“出淤泥而不染”，必须时时勤拂拭，修好一颗高洁之心。

三是要有正直之心。只有心正，才能行正、貌正，文才能写得正，俗话说“心正笔正”，讲的是这样一个道理，意为心正了，修养好了，笔就拿得正，字也写得正。

据说，有一次柳公权在写字，穆宗皇帝连连赞叹，问柳公权：“你的字怎么写得这么好？能告诉我书法的秘诀吗？”柳公权回答：“用笔在心，心正则笔正！”写字的诀窍在于心，心不清净、不端正，字也不可能漂亮。柳公权说的是实话，“写字”本质是心理活动的习惯表露。要想把字写好，就要养成良好的心理习惯。可穆宗皇帝是一个多疑的人，以为柳公权的话是弦外有音，听了很不舒服，一甩手就走了。

柳公权就是这样一个心直口快的人，字如其人，他的字也刚直。

第三，“修心”要以正心为本，身心兼修。

“修心”不仅要内心有修养，而且要求外表要得体，内修心性、品德，外修气质、仪表，不仅内心清正，还要仪表端正。

正确的人生观、价值观，是内在美的核心。高尚的品德和情操，也是内在美的重要内容。品德是自觉的道德意识、道德行为；情操是由思想、感情、意志等构成的、相对稳定的心理状态。而外在美又称形象美，包括生理、表情、语言、动作、服饰、衣着、发型、言谈举止等，外在美大都是天生的资本，但是内在美却是在生活经历中慢慢修炼的。真正的美是内外统一的，内在美是外在美的基础，外在美是内在美的表现。没有内在美，外在美只不过是追求形式的美，是不包括气质、言谈举止等更为广泛范畴的一种美。没有外在美，内在美则难以展现。内在美与外在美同等重要，因此，修心要身心双修。

战国时期，齐国有个女人叫钟离春，因为长得丑，四十岁了还没有嫁出去。有一天，她听人说齐宣王贪图安逸而不思国政，就去求见齐宣王。她先到王宫找管事的官员，说："听说大王有圣德，我愿意为大王打扫后宫，希望能得到大王的恩准。"王宫管事的官员报告了齐宣王。齐宣王正在宫中摆宴饮酒，左右的人不禁捂嘴大笑说："真是一个厚脸皮的女子，难道她与别人有什么不同吗？王宫中的女子多着呢，她这样丑的女子却没有见过。"有个好事的人把这件事讲给齐宣王听，齐宣王也觉得稀奇，便让人召钟离春进来。齐宣王说："你以平民百姓的身份来见我，一定有什么奇特的才能吧？"钟离春说："我没有别的本事，只是会用隐语预示吉凶的法术。"齐宣王很想看她的法术，就让她当众演示，好叫大家猜，钟离春答应了。先是一扬目，露露牙齿，再举手，轻轻拍着手腕，然后问道："危险吧？"齐宣王不知道她想表达什么意思，就问左右官员，没有一个人明白。齐宣王便让她自己说出来。钟离春上前解释说："大王知道，齐国西面有暴横的秦国为患，南面与强大的楚国结怨，国外有这两个国家为难，国内又聚集着一些奸臣。扬目，是我替大王察看烽火之变，将有战乱发生。大王年已40多岁了，还未立太子，不关心儿女的成长，却喜欢和妇人们混在一起，忽略了应该依靠的人。一旦大王不幸去世，国家将陷入动乱，这是第一个危险。露齿，就是希望大王放开群臣之口，使他们敢于直谏；举手，是替大王斥退奸佞之徒。现在能人贤士隐居山林，阿谀奉承之人在朝中得势，劝谏之人不能陈言，这是第二个危险。拍手腕，是要大王拆毁游乐饮宴之台，以崇尚节俭。大王现在沉溺于酒宴之中，日夜狂饮，这是第三个危险。所以我说，危险呀！危险呀！”齐宣王听了，长叹一声：“钟离春的一席话，真是有理痛快！”便要立钟离春为王后。可钟离春却说：“不采纳我的话，又怎能纳娶我呢！请大王以治理国家为当务之急，以选贤任能为头等大事。”于是，齐宣王从此礼贤下士，疏远佞臣，撤去女乐，用晏婴为相国、孟轲为客卿，国家得以大治。

钟离春采取的显现术，显现的不是外形的美貌，而是智慧，她的内在美，不是通过长相，而是通过自己的机智、一心为国的思想和睿智的进谏显现出来的，是思想和行为的完美统一。这也说明，外表并不代表本质，有的人外表美丽，内心却很污浊；有的人肢体残缺，却有一颗金子般的心灵。只有内外兼修，表里如一，才是真正的美。

总之，修心要内修心地，外修气质，修学以勤，修德以善，修心以正，修名以美。

（二）《六祖坛经》心学的基本要义

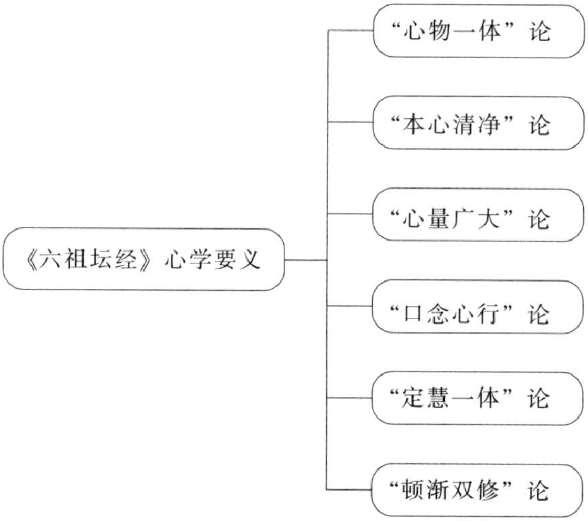

有人认为慧能的学说是主观唯心主义，这个结论其实过于武断。慧能创立的禅宗学派，其核心精神是超越，即超越了唯物与唯心，超越了身与心，超越了顿与渐，超越了愚与慧，他处处试图在事物的对立面中找到统一，

道的思想贯穿其中。其心学的要义可以概括为如下几个方面：

第一，“心物一体”论。

这个观点即物我一体，我对物存在感知，从而产生了意识，两者存在着互动关系，互相依存。《六祖坛经·行由品》记述，六祖得五祖夜授衣法后，为躲避恶人追寻，发足南行，辗转藏匿于四会怀集等地，15 年后来到广州法性寺（唐代称“法性寺”，今称“光孝寺”），当时正值印宗法师在宣讲《涅槃经》。“时有风吹幡动。一僧曰风动，一僧曰幡动。议论不已。慧能进曰：‘非风动，非幡动，仁者心动。’”意思是说，忽然风吹得旗幡飘动起来，引起两位僧人的争议。一位僧人说：“这是风在动。”另一位僧人说：“这是旗幡在动。”各执一词，互不服气。慧能上前说：“不是风动，不是幡动，仁者心动。”也就是说：“既不是风在动，也不是幡在动，而是诸位的心在动。”慧能认为这是心物的互动，正是由于各自心思角度的不同，所以产生观点上的差异，因而会产生我对你错、我是你非、我善你恶、我好你坏等对立的看法。这里所谓的“心”包含八识（即眼识、耳识、鼻识、舌识、身识、意识、末那识和阿赖耶识），其中

“意识”只是心的其中一个表现形式。人的意识是人对外物的一种感知，心与物相互依存，缺一不可，而对于物的感知，不同的人会产生不同的感觉。俗话说，“触景生情”，同样是触景，每个人的心境不同，感知能力不同，情感也会有差别。慧能的这一看法，打破了物我的界限，让人心与外界同频共振，互为依存。“心物一体”论对提高每一个人对世界的感知能力，增强主观能动性和首创精神具有积极意义。

第二，“本心清净”论。

慧能非常关注本体之心，认为此心本来清净，本来具足一切万法，《六祖坛经·般若品》中说：“菩提般若之智，世人本自有之，只缘心迷，不能自悟。须假大善知识示导见性。当知：愚人智人，佛性本无差别。只缘迷悟不同。所以有愚有智。”慧能认为觉悟佛道的般若智慧，是人人本来就具有的，只是因为被无明妄想所迷惑，所以不能够体悟自性。他们只有借助德高道深、悟性更高的人来指导和开导见性之法。应该知道，无论是愚迷无知之人，还是富有智慧之人，他们所具足的佛性本来并没有差别。只是因为迷悟的不一样，才有愚人和智人的区别。慧能的这一看法和孟子主张的“人性本善”的看法是一致的。人人本来都有佛性，只是后天受到外界的影响，有的人悟了，有的人仍然执迷不悟，不悟的人就要靠名师的开导使之觉悟。

慧能在《行由品》中说：“一切万法，不离自性。”“何期自性，本自清净；何期自性，本不生灭；何期自性，本自具足；何期自性，本无动摇；何期自性，能生万法。”弘忍大师给慧能讲法，当讲到《金刚经》中说的“应无所住而生其心”时，慧能马上大彻大悟，了悟佛法的真谛：一切佛法都离不开自己的本性。于是说：“何必向外期求自性呢？自性本来就是清净空寂的；何必向外期求自性呢？自性本来就是不生不灭的；何必向外期求自性呢？自性本来就是圆融无碍，众生皆有的；何必向外期求自性呢？自性本来就如如不动的；何必向外期求自性呢？自性本来就圆融了一切佛法。”

慧能要求修心就是修好本心、本性，是心的回归，不必向外寻求。所以，佛法是以心传心，自悟自解。人的心灵的觉悟，关键在于自身，是别人不能代劳的。正如吃饭和排泄一样，全靠自己。

第三，“心量广大”论。

慧能认为人心有无限的能量。《六祖坛经·般若品》

说："心量广大，遍周法界。用即了了分明，应用便知一切。一切即一，一即一切，去来自由，心体无滞，即是般若。"慧能认为自性本心博大无比，含摄万法，广大无边，而周遍一切法界。就本体而言，它是实相无相，如如不动的，然而从自性起用时，就清楚明白了。也就是说当它发挥运作之用时，便能够了知一切；并且一切的妙用，一切的施为运作，都是从一自性本体所流露出来的；而从一自性本体又能够显现一切的一切，无量无边的妙用。总而言之，一切代表本体，一切代表妙用。从体可以起用，即用也可以归体，在体和用之间无所以来，无所以去，是自由自在，来来往往，而就自心本体而言，总是了无滞碍。也就是说体和用一体，这是般若智慧。慧能在这里充分地肯定了心的能量。心的能量博大无比，含摄万法，无边无际。雨果有一句广为流传的话："世界上最宽阔的是海洋，比海洋更宽阔的是天空，比天空更宽阔的是人的心灵。"一个人的心有多大，就能做多大的事，一个心灵广阔的人总能消除急躁、怨恨等不良情绪，总是采取宽恕的态度，放下、宽容、旷达。

慧能在这里讲的"心量广大"，还指思想、精神的作用。我们常说思想能走多远，行动就能走多远。思想的高度决定了一个民族的精神高度。有些人说思想资源才是一个巨大的宝矿。一个新的理论通过改变人的思维，从而改变了世界。许多科学理论的发现也证明了这一点。如爱因斯坦的“相对论”，发现了核能，改变了世界的能源结构。这就是精神与物质之间存在着互变的关系。物质可以变精神，精神也可以变物质，两者是互变、互用的。慧能还认为心的本身是自由自在、来去自由的。人心的本体是不受束缚的，其最大的特性是自由的思想，假如人的心灵受到了禁锢，就会陷入迷惑的境地，其思想也会受到阻滞，智慧难以发挥而变得愚昧。

第四，“口念心行”论。

慧能的这一看法，吸收了儒家的观点。孔子说：“学而时习之，不亦说乎？”学与习，代表了知与行的关系，这个观点后来在王阳明那里得到了继承和发展，形成了“知行合一”的理论。《六祖坛经·般若品》说：“口念心不行，如幻、如化、如露、如电。口念心行，则心口相应。本性是佛，离性无别佛。”

慧能说，修心如果仅仅停留在口头上念诵，而心不修习践行，那就如同虚幻的假象，如同朝露、闪电般变化易逝。如果口念诵而心也修行，那么心口相应，机缘时至，即能见自本性。我们自性本心就是佛呀！慧能又说："心量大事，不行小道。口莫终日说空，心中不修此行，恰似凡人，自称国王，终不可得，非吾弟子。"慧能在这里说，这种顿见本心的大事，当下便见，并不是去修小根小器之人所修的空心静坐、什么事也不想的冥想功夫。不要整日口头上说"空"，而心中不修行，那么只能是假空、顽空，这种空，不可能是真空、性空。这就好比那凡夫自称自己是皇帝，实际上他始终也当不了皇帝。像这种人绝不是我禅宗的弟子。慧能认为修心与修行要合一，如果口是心非，停留在口头上，而不付诸行动，那也是徒劳的。所谓"心行"，就是要落实到生活中，落实到衣、食、住、行、言、谈、举止中，在实践中感悟、磨砺、升华，这才是真正的修心。

慧能创立的禅宗心学，是一种生活禅，主张修行在生活，生活是修行。强调修行没有固定的模式，把担水、劈柴、种地等都列为修行功课，不论是住、行、坐、卧，还是工作、学习、旅游，处处专注，无住生一境，禅味自在其中。时时把修心融入生活之中，这就打通了出世与入世的壁垒，使修心安放在现实的基础之上，具有当下的意义。

第五，“定慧一体”论。

戒、定、慧是佛学修心的法门，用于战胜贪、嗔、痴。有人把这三者作为“进阶式”的修炼，慧能则主张“定慧”一体。《六祖坛经·定慧品》说：“我此法门，以定慧为本，大众勿迷，言定慧别。定慧一体，不是二。定是慧体，慧是定用。”“定慧犹如何等？犹如灯光。有灯即光，无灯即暗。灯是光之体，光是灯之用。名虽有二，体本同一。此定慧法，亦复如是。”慧能在这里说，我所宣讲的顿教法门是以定慧为根本的。大家不要被那种主张定和慧有区别的说教所迷惑，定和慧本是一体的，不是分为两种的东西。定是慧的内在本体，慧是定之体所发挥的无量无边的妙用。定和慧之间的关系好比什么呢？为什么说它们是一体的呢？这就好比灯和光。有灯也就有了光，没有灯就没有照耀黑暗的光，灯是光的本体，光是灯所发挥的作用。灯和光虽然是两种名称，但本体却是一个。我所讲的定和慧的理论也是如此啊！定和慧有两种名称，但其体是一而非二。我们常说要禅定，进入禅定的状态就能产生慧，因为进入安定、宁静的状态，没有了杂乱的干扰，人的思维会更加专一、专注，从而容易产生灵感。定和慧是一体的，而不是两个东西。

在这里慧能所讲的修心，主要是修智，即开发人的智力、智慧。

第六，"顿渐双修"论。

在修心途径上，《六祖坛经·顿渐品》中说："法本一宗，人有南北。法即一种，见有迟疾。何名顿渐？法无顿渐，人有利钝，故名顿渐。"慧能主张顿悟成佛，但也主张因人而异。本来正教，无有顿渐，人性自有利钝。迷人渐修，悟人顿契，自识本心，自见本性，即无差别，所以立顿渐之假名。本来正法是不分顿渐的，为什么会有顿和渐的名称呢？因为人的根器不一样，快的叫顿，慢的叫渐。如果能认识自己的心，见自己的本性，是没有分别的。所以，立个顿渐之名，只不过是假名而已。

心灵的觉悟由于根性的差异有先后快慢，这是必然的。顿渐其实是难以分开的。只有通过"渐"的积累，才能融会贯通，在刹那间开觉。渐也是一个机缘，只有等待机缘的到来，才能有顿悟的时刻。渐悟往往是顿悟的准备。一个很有天赋的人，假如停止了学习，也会"江郎才尽"，因此不要轻视、忽视渐进的过程。当然，人也需要开窍，学会辩证的思维方式，有时需在良师的指点下走出迷途，从而尽快、尽早地实现顿悟。

慧能的“顿教”要求人们播种悟性的“种子”，引导人们突破语言文字的局限，超越习惯思维和逻辑思维，破除我执，觉悟空无不二的佛性。陆世仪在《思辨录辑要》中说：“人性中皆有‘悟’，必功夫不断，‘悟’头始出。如石中有火，必敲击不已，火光始现。”

二、慧能对阳明心学、岭南心学的影响

有人认为“阳明心学”在中国哲学和文化史上独树一帜，弥补了中国传统哲学只研究客观世界而忽视人的主观能动性这一空白。然而，比王阳明早800多年的中国禅宗六祖慧能大师，对人的主观能动性（即心的作用）已有系统的论述。慧能创立的禅宗的法门可以称为“心法”，禅学本质上就是“心学”，慧能以中国的语言和中国人的思维方式，系统地论述了心的本来面目、心的本性以及心的活动现象等。可以说，六祖禅学就是一门究竟而圆满的“东方心理学”。

（一）王阳明对六祖慧能“心学”的继承和弘扬

我们只要把王阳明的《传习录》与《六祖坛经》作一个比照，就可以看到他们的思想是一脉相承的。

1.“不思善、不思恶”与“无善无恶心之体”

《六祖坛经·行由品》中记述，四品将军出身的僧

人惠明向六祖慧能大师求法，六祖开示云：“不思善，不思恶，正与么时，那个是明上座本来面目。”也就是说，心的本来面目就是“不思善，不思恶”，即排除任何干扰的本然之心；无分别之心，无妄念之心，就可以看到你自己本来的面目。

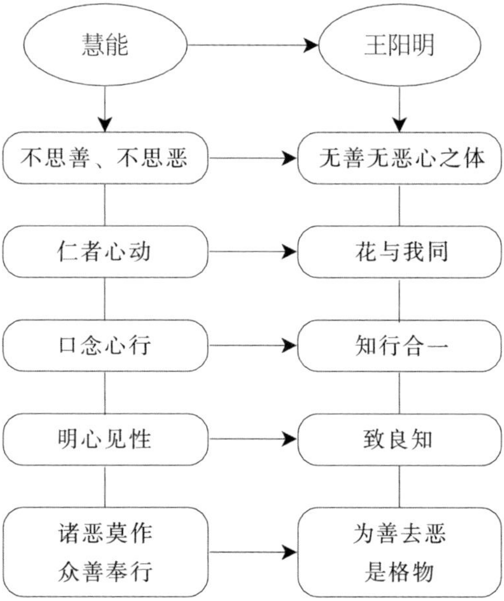

王阳明说：“无善无恶心之体，有善有恶意之动。知善知恶是良知，为善去恶是格物。”意思是说，“心”作为客观存在的主体，本来无善恶可言，是空灵清净、晶莹纯洁的，善恶的产生是意识的动念；能分清善恶就是致良知，能为善去恶就是格物。

在中国传统文化中，对人性本善本恶有过不同的看法，慧能和王阳明则认为本无善恶，无善恶才是一个人的本心、初心。以上我们可以看出两位在思想体系上的一致性。

2. “仁者心动”与“花与我同”

慧能曾说：“非风动，非幡动，仁者心动。”在《传习录》中记载了王阳明与友人讨论深山花树自开自落是否与心相关的问题，他说：“你未看此花时，此花与汝同归于寂；你来看此花时，则此花颜色一时明白起来——便知此花不在你的心外。”他们共同认可“心物一体”的感知观。自然界的许多东西变得灵动、活泼，这是人感知并赋予了其情感、思想，如“造化心源”，“化物”和“心动”是相互联系的。

3. “口念心行”与“知行合一”

慧能在《六祖坛经·般若品》中说：“此须心行，不在口念。口念心不行，如幻、如化、如露、如电。口念心行，则心口相应，本性是佛，离性无别佛。”慧能主张心口相应，口念心行。王阳明最著名的思想是“知行合一”。他们都把“知行合一”当作人们寻求真理的路径，将学习和实践有机统一起来，作为学习的方法。他们改变了把知与行区别开来的做法，把知行作为一体，真知真行，充分地肯定了人的主体性和能动性。

4. “明心见性”与“致良知”

慧能的顿教法门主张“直指人心，明心见性”。他在《六祖坛经·般若品》中说：“愚人忽然误解心开，即与智人无别”，“不悟即佛是众生；一念悟时，众生是佛”。从“顿悟”中清明心性，明白了自己的本来面目，从而觉悟。“致良知”是王阳明的重要思想。他在《寄正宪男手墨二卷》说过：“吾平生讲学，只是‘致良知’三字。”王阳明认为“良知是遗化的精灵”，他在《传习录》中又说：“人的良知就是草木瓦石的良知，若草木瓦石无人的良知，不可以为草木瓦石矣。岂惟草木瓦石为然，天地无人的良知，亦不可为天地矣。”世间万物都是具有良知的，良知就是主体作为人而异于禽兽的自我认同感，“致良知”就是开启人的心智，修心养性。慧能和王阳明都把心灵的修炼作为修心的根本。

5. “诸恶莫作，众善奉行”与“为善去恶是格物”

慧能主张“诸恶莫作，众善奉行，自净其意是诸佛教”，慧能禅宗把所有的发心和行为都落实到“诸恶莫作，众善奉行”的宗旨上。阳明心学也主张“为善去恶是格物”，指出人的价值取向应该是为善去恶，这也是人类改造客观世界的目的和标准。他们同样强调的是修心要修行，即“善心”与“善行”。

“阳明心学”与“慧能心性”相似的观点很多，这里就不一一列举了，可以说“阳明心学”是禅宗慧能心性的继承和发展。

（二）《六祖坛经》对明代岭南心学的影响

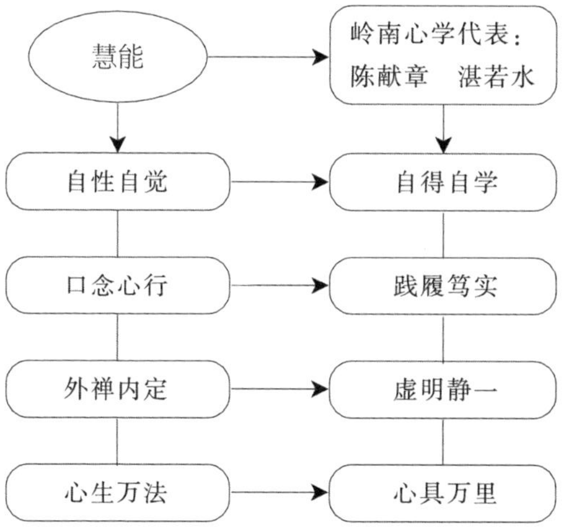

岭南心学是对慧能禅宗心性的传承。明代岭南心学

有两个代表人物，由陈献章开篇，湛若水集大成而构建起完整的心学理论体系，岭南心学糅合宋代理学诸家，熔儒、道、禅于一炉，形成一个独特的学派。尽管人们对岭南心学的核心思想和源流有不同的看法，如有的认为是属于儒家理学，有的认为是禅宗心性哲学。但从其思想上看，岭南心学与禅宗心性有许多共同之处，可以看到禅宗心性也是岭南心学的开山鼻祖。例如：

1．“自性自觉”与“自得自学”

《六祖坛经·行由品》说：“菩提自性，本来清净；但用此心，直了成佛。”慧能认为菩提自性，本来就是清清净净的；只要能体悟这清净本心，就可当下顿悟见本性而成佛。又说：“自性觉源体，随照枉迁流。”意思是说，自我本性是觉悟的本源本体，却随着妄念流转，到头来只能是劳而无功。慧能强调自我的主体意识，要自觉、自悟。

陈献章认为：“夫学贵自得也。自得之，然后博之以载籍。”“自得者不累于外物，不累于耳目，不累于造次颠沛，鸢飞鱼跃，其机在我。”陈献章把自我作为认知的主体，人在自我中求得，在自我的体悟中获得认知，提高涵养的功夫。

慧能和陈献章都强调了自我内心的自省、感悟和体验，实现自我的觉醒。

2. “口念心行”与“践履笃实”

慧能多次强调修道要“口念心行”付诸行动。他说：“口但说空，万劫不得见性，终无有益。”慧能认为修禅不能停留在口头上，更重要的是落实在行动上，心行才是修禅的归宿和落脚点。

陈献章则教诲学生务必做到“四要”：“心地要宽平，识见要超卓，规模要阔远，践履要笃实。”（《与贺黄门书》）陈献章认为做人心胸要宽阔平和、远见卓识，有远大理想，又要脚踏实地，认真地践行。湛若水也主张“知”与“行”并进。他在《答聂文蔚侍御》中说：“体认兼知行也。”“即知即行，知行并进，非今日知明日行也。”这与慧能主张的“口念心行”是一致的。

3. “外禅内定”与“虚明静一”

慧能在《六祖坛经·坐禅品》中说：“外离相为禅，内不乱为定。外若着相，内心即乱；外若离相，心即不乱。本性自净自定，只为见境思境即乱。”慧能认为就内心而言，能够保持平静而不散乱的叫“定”。如果对外界的一切事物和现象都不执着而不受其干扰，其内在的心性也就宁静不乱；如果在外执着于尘世的诸种形相，其内心必然紊乱而平静不下来。人的心性本来就是清净而宁静的，只因追求尘世的万事万物而使内心散乱而失去平静。因此，禅定就是入静，就是修炼的法门。

陈献章的“心学法门”，以“虚明静一”为主线，教人通过静坐的方式，去体认心中的“善端”。他说：“为学当求诸心必得。所谓虚明静一者为之主，徐取古人紧要文字读之，庶能有所契合，不为影响依附，以陷于徇外自欺之弊，此心学法门也。”这与慧能提出的禅定的修炼方法是一致的。

4.“心生万法”与“心具万里”

慧能在《六祖坛经·行由品》中说：“一切万法，不离自性。”“何期自性，本自清净；何期自性，本不生灭；何期自性，本自具足；何期自性，本无动摇；何期自性，能生万法。”慧能认为自性本来就圆融了一切佛法，充分肯定了心的能动作用，肯定了人的主体地位。

陈献章也强调人的主体精神，认定“心具万理”“宇宙在我”，他在《论前辈言铢视轩冕尘视金玉》中说：“此理干涉至大，无内外，无终始，无一处不到，无一息不运。此则天地我立、万化我出，而宇宙在我矣。”

湛若水在《心性图说》中说："心也者，包乎天地万物之外，而贯夫天地万物之中者也，中外非二也。天地无内外，心亦无内外。"他们都强调了"我心"的主观能动性和创造性，充分地肯定了心的能量。

三、《六祖坛经》对丰富当代人心灵世界的现实意义

《六祖坛经》不仅是一本关于宗教的书，也是一本关于思维方式的书、一本关于生活方式的书、一本关于创新的书、一本关于自由的书，它告诉我们如何实现自我觉悟，做一个心灵自由的人。

慧能可以说是把佛学中国化、生活化、通俗化的第一人，他在《六祖坛经》中提出的自性自悟、知行合一、出世与入世、不执着和活在当下等思想，特别是修心养性的思想，对当代人具有现实意义。

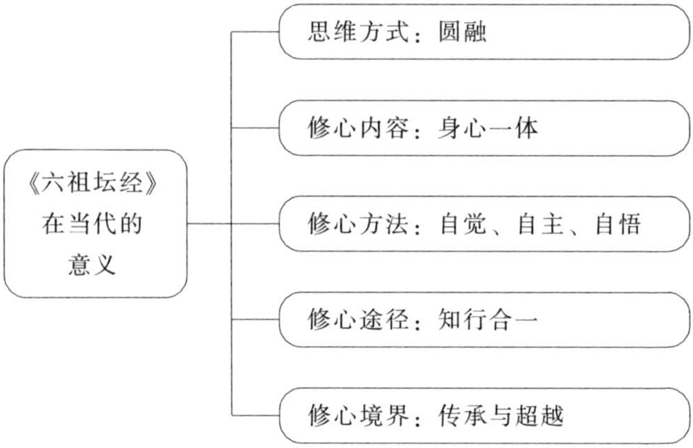

（一）《六祖坛经》提出了圆融的思维方式，打开了通向智慧的大门

慧能的禅法大体上以“中道”和“不二法门”作为中心思想，他的顿教禅法正是建立在他所理解的“无二之性，即是实性”“实性者即是佛性”的思想基础上的。

所谓“不二”也就是“无二”，是《维摩诘经》中所提倡的大乘佛教的一种思维方式和修行原则。所谓二法是互相对立的双方（事物、概念），主要指生灭、垢净、善不善（恶）、断常以及生死与涅槃、烦恼与菩提之类，也称为“二边”。而所谓“入不二”或“不二”是既不是此方又不是彼方，如非空非有，非善非恶以及一相即是无相，色即是空，无明实性即是明、世间即是出世间等，都是入不二法门。不二法门微妙甚深，不二不等于二，也不等于一，但是有“一”，一定是与“二”同在，有“二”一定不离“一”，此是真不二。说似一物即不中，不说一物也不中，此即是般若性空、中道正见，是诸法实相。《六祖坛经》中的佛性不二、定慧不二、动静不二、菩提与烦恼不二、众生与佛不二、世间与出世间不二，乃至临终前嘱咐弟子的三科三十六对法等，都体现了慧能的不二思想。

不二思想贯穿于慧能整个禅法思想之中，就像一把钥匙，如果不明了它，就不能开启慧能思想的精髓的大门。慧能很重视中道不二法门，他的顿门禅就顿在不二法门上，不二思想在慧能禅法中具有重大的意义。“不二法门”让人们从矛盾中，使见解得到统一；从差别中，使思想得到融合；从分离中，使精神得到相依；从人我中，使两心得到相通！这就打破了“自我的偏执”，要求人们用开放的胸襟、圆融的方式去思考问题，这样才能找到真理，开启自己的智慧。

（二）《六祖坛经》把修心安放于现实生活之中，把修心与修行融为一体

由于慧能提倡“一行三昧”的主张，这就使得他的禅法范围扩大了，更加生活化、简易化，成佛悟道就在日常生活中，他主张“一行三昧者，于一切处行住坐卧，常行一直心是也”。正所谓“行、住、坐、卧皆是禅”“搬柴运水皆是道”，修禅不必剃度出家、寺院端坐，这就为普罗大众修禅打开了方便之门。慧能在《六祖坛经》中对北宗神秀看心、看静，直坐不起的禅法提出批评，认为那是病而非禅。他在《六祖坛经·般若品》中亦说：“佛法在世间，不离世间觉。离世觅菩提，恰如求兔角。正见名出世，邪见名世间。邪正尽打却，菩提性宛然。”又言：“开佛知见，即是出世。开众生知见，即是世间。”他把“道法”和凡夫日常生活之事结合了起来，寓禅法于日常生活中，由此使禅的观念扩大了，使得南宗禅充满了蓬勃生机。

慧能据此进一步提出“若欲修行，在家亦得，不由在寺”的主张。他把修行深入世俗生活的每个角落，而不仅仅限于僧侣生活，从而使修禅更趋平民化、世俗化。慧能本人就是一个从生活中修行成功的人。慧能八月桩碓，亲自作务，实为他进入悟道的不二法门。离开了生活，固然没有禅；离开了作务，更无法深入禅心。自古以来，百丈的务农、雪峰的煮饭、杨岐的司库、洞山的香灯、圆通的悦众、百灵的知浴、道元的种菜、临济的栽松、沩山的粉墙等，处处都说明禅者非常重视生活的实践。

有人问赵州禅师："什么是禅法?"赵州指示他去洗碗。再有人问什么是禅法，赵州告诉他去扫地。因此学禅者不满，责问赵州："难道除洗碗扫地以外没有禅了吗?"赵州不客气地说道："除了洗碗扫地以外，我不知道另外还有什么禅法?"

有源禅师请教大珠禅师道："如何修行用功?"大珠道："饥时吃饭，困时睡觉。"有源不解地说道："那每一个人每天不都在修行?"大珠道："不同！别人吃饭，挑肥拣瘦，不肯吃饱；别人睡觉，胡思乱想，万般计较。"

唐代庞蕴禅师诗云："日用事无别，惟吾自偶偕。头头非取舍，处处勿张乖。朱紫谁为号，青山绝点埃。神通并妙用，运水及搬柴。"庞蕴禅师在诗中说，佛性本性和日用事无别，佛性本性，不一不异。时时处处都不要有是非取舍之妄念，都不应与自性真心相乘。分出来朱，分出来紫，是谁妄加的称号？像那青翠的山洁净得没有丝毫尘埃，多么超绝的神通妙用也没有稀奇之处，它实际极为平常，就像日常的运水搬柴。修道其实并不是一件艰难、稀奇的事，就是在日常生活之中去体悟、去运用。

宋代大儒朱熹有一首诗，叫《观书有感》，诗云：“半亩方塘一鉴开，天光云影共徘徊。问渠那得清如许？为有源头活水来。”朱熹在诗中问：半亩方塘为何能像明镜那样清澈，叠现多姿多彩的云光之影，这是因为有“源头活水”。这个“源头活水”就是现实生活，现实生活给我们提供了营养、能量，让我们与时俱进，不断地开拓新的境界。

当下的许多人，以追求感官刺激为快乐，其实闭起眼睛来观照禅心，那才是快乐的源泉。今日社会，不少人都想升官发财、功成名就，但升了官发了财，过的生活并不快乐，还有的人嫉妒他人的成功，憎富嫌贫，自寻烦恼。

一个人假如能够在现实生活中，用慈悲之心待万物，用平等心待人，对过去不悔，对未来不忧。活在当下，专注于当下，那么就能体会到禅修的真谛。

（三）《六祖坛经》强调修心的主体性、主动性，让人们在修心中自觉、自主、自悟

慧能以“即心即佛”“前念迷即凡夫，后念悟即佛”，阐释了禅修的关键是当下一念的转迷为悟，为当代人指出了一条自性自悟的精神解脱之路。慧能认为，一切佛法都在人心之中，佛在人间，佛在心中，觉悟了就能成佛，这就启发了人们的自觉意识，增强世人自我解脱的自信。为身处红尘，心灵疲惫的人，指出了自性、自悟、自觉的精神解脱之路。

慧能大师认为“迷时师度，悟时自度”。这种自我解脱之法一直为后来的禅者所效法。“赵州八十犹行脚，只为心头未悄然；及至归来无一事，始知空费草鞋钱。”意思是说，赵州禅师即使年届八十岁的高龄，因为内心不明白，也要自己出门去寻找他要的答案。

唐代神赞禅师有一天看到一只蜜蜂不从窗门飞出，却乱钻窗纸，结果来回碰壁，觉得十分可笑。由此，他悟到修道只钻旧纸堆就和蜜蜂钻窗纸一样，无出头之日，是可笑的。于是，他赋诗一首：“空门不肯出，投窗也大痴。百年钻故纸，何日出头时。”他批评求佛迷信于书本，陷入本本主义的愚蠢做法。所谓觉悟，是用自心去求悟。因为世上最广阔、最能包容一切的是自性、自心，即心即佛，何须外求，向外求道，即是外道。如果只想向外的旧纸堆中求法，必然受到束缚，在小圈圈中打转，只有从自心出发，才是修行求道的正途。为此，修心养性要自我观照，反求诸己；自我更新，不断净化；自我实践，不向外求；自我离相，不计内外。在我们这个时代，有些人迷失了自我，只一味地乞求别人的帮助；一旦失去了指引，自己就不能独立担当。对这种“自家宝藏不顾”，抛家出走的人，应当头一棒，警醒人们自我的觉悟，只有拥有精神的自主、人格的独立，才能有自我的解脱、解放和创造。禅者的自觉、自尊、自强，应是现代人的一帖良方。

（四）《六祖坛经》强调了修心要知行合一，指出了修心的正确途径

慧能大师对自性、般若、实相、涅槃、法身、本性不但有真知灼见，而且要求身体力行，指出不但要用心领会，而且要付诸行动。他在《六祖坛经·般若品》中说：“口念心不行，如幻、如化、如露、如电。口念心行，则心口相应。”“幻”“化”出来的东西都是虚假不真实的，但迷悟的人都以为眼见耳听的，就是真实的。如露如电，表示像朝露消失之快或闪电瞬间即逝来比喻生灭变化的迅疾。慧能要求修心知行合一，表里如一，不能停留在口头上，关键要落实在行动上。

懂得菜谱的不一定能做厨师，读懂《游泳大全》的人不一定能游泳，读经论道不等于已悟道。通晓经典的人并不一定已经觉悟般若。“知”是一回事，“行”又是一回事，只有知行合一近于道，才能真正拥有般若智慧。

慧能“口念心行”的修心主张，强调了修心的实践性，把修心落实在现实之中并付诸实践，才是最终的目的。今天，有一句口号叫“空谈误国，实干兴邦”，就是对“口念心行”的最好诠释。我们“口念”的东西只有在实践中进行检验、修正，结果才具有实际意义。俗话说“空话说一筐，不如实事做一桩”，切忌说“空话、套话、假话”，求实才是修心的正道。

（五）《六祖坛经》既传承了佛学的精华，又加以创新，促进了人的心灵的超越

慧能不墨守成规，死守经典，而对经典加以创新，对此岸、彼岸、坐禅、受戒、佛性等，都有自己独特的见解，尤其是对净土的新解，令人耳目一新。他主张：迷人念佛求生于彼，悟人自净其心。修心从自心入手，逐步去除心中的烦恼。烦恼减一分，智慧增一分。慧能的净土观，把人们从心外求法拉回到内心悟道，以心中烦恼的数量作为衡量能否到达西方极乐世界的标尺，科学而形象，人人都能入手修行。

慧能主张“不立文字”，并不是不注重佛学经典的研读，而是要人们不为文字所束缚，既入乎其中，又出乎其外，不墨守成规，死守经典，圆融创新，让人耳目一新，思想开窍。慧能的禅学是心灵的超越，充满了创新精神，促进了人心灵的升华。

《六祖坛经》正是抓住和适应了中国文化的根本特征及中国人生命的内在深层需要，所以能在一千多年的岁月时空中深入人心、历久弥新。慧能大师通过对生命的证悟，对大乘心法的创造性发展，使禅学真正渗入中国文化的血液，真正融入中国人的生活和生命。千载之下，《六祖坛经》与禅宗精神依然可以和现代中国人的生命发生呼应，可以进入平凡的生活，成为我们现实生活的一部分。因此，在中国传统文化的发展进程中，《六祖坛经》树立起一座精神的丰碑，犹如智慧之源泉，源远流长；亦如心灵之明灯，烛照四方。《六祖坛经》的问世，是中国佛教史上的大事，标志着中国人的精神生活、传统思维方式在充分吸收来自异域的佛教的同时，仍然保留了独立的品格。

第二讲　修心的宗旨：觉悟

在佛学中，“觉”是人生的大境界。觉指佛，佛称为“觉者”。《大乘义章》说：“佛是觉知，就斯立称……既能自觉，复能觉他；觉行圆满，故名为佛。”佛学中觉悟有三个层次：一是自觉，自己破除了种种烦恼，而不再在生死轮回中接受苦难，从开悟变为彻悟；二是觉他，即不仅自断烦恼，而且能善度众生，利益大众；三是觉行圆满，即不但断了烦恼，度了众生，而且自利利他，圆满究竟。佛门子弟以觉为目标，只有做到心外无物、四大皆空，才能进入觉悟的境界。“觉”与“迷”相对，在现实生活中，不觉悟的人还是有很多的，因此，他们经常做许多愚昧的事。正如智者所描述的那样：“他们厌倦童年，急于长大，长大后又渴望返老还童。他们对未来充满了忧虑，但忘却了现在；他们牺牲了自己的健康去换取金钱，然后又花金钱去恢复健康。于是，他们既不生活于现在，也不生活于未来。”这是“觉者”对人类的迷惑，也是人类自己的困惑。

我们为什么要学佛、修心，慧能的回答只有两个字，那就是“觉悟”，这种觉悟是自我意识的觉醒，是自我智慧的涌流，也是自我境界的提升。慧能认为人人都有觉悟的根器，要以自悟为主，他悟为辅，以自觉、自悟、自得作为觉悟的途径。

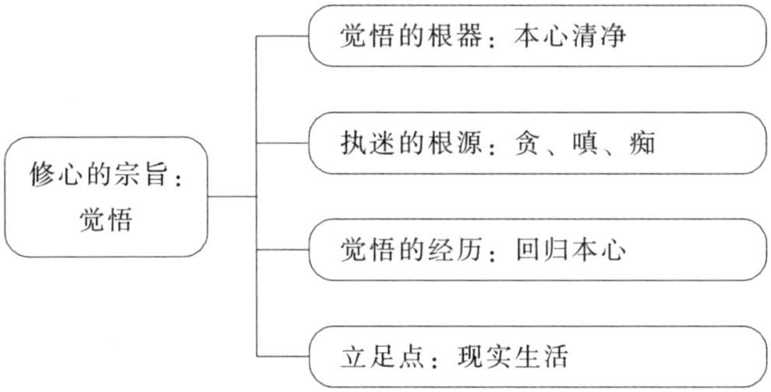

一、人人都有觉悟的根器

学佛修禅，修心养性是不是很难，是不是只有有天赋的人才行？慧能的回答是否定的。

《六祖坛经·行由品》云：“菩提自性，本来清净。但用此心，直了成佛。”慧能说：菩提自性，本来就是清清净净的；只要能体悟这清净本心，就可以当下顿悟本性而成佛。慧能指出，人人都有佛性，只是由于后天世俗浊流的污染，让心灵蒙上了尘埃。心灵受到污染不要紧，这就要通过修心去体悟本心，回归本心，从而获得觉悟。慧能认为人人均有佛性，皆有成佛的可能，与孟子的人性本善的看法是一致的。慧能指出了修心为成佛的根本，只要回归自己清净的本心，人人皆能成佛，这就增强了人们成佛的自信和自觉。慧能认为：觉悟、自性是成佛的基因，人人都具有，而成佛的快慢取决于人在觉悟自性上所下的功夫。

《法华经》卷四有一个“衣珠喻”故事，讲述一个穷人至亲友家醉酒而卧，此时亲友忽有官事当行，匆忙中以无价宝珠系其衣里，与之而去，其人醉卧都不觉知。酒醒后，穷人行至他国，为求衣食，备受艰难，若稍有得，便以为足。后会遇亲友，具语前事，其人乃以宝珠购其所需。

明明自身怀揣宝珠（即佛性），却视而不见，这就是时下许多人“捧着金饭碗讨饭吃”。本来人人都有般若之智，可惜的是缺乏自我认知，不知道自己的潜能，而使潜能受到了埋没。有人说：垃圾是放错了地方的宝贝，庸才是放错了地方的人才。这就是说，每个人都有独特的才华，都有成才的潜能，只不过自己不知或他人没有发现而已。即使今天我们认为无用的垃圾，只要使用得当，垃圾也会变成财富。有些用科技处理垃圾的企业家，化废为宝，成为富甲一方的人。佛陀对所有人都说同样的法，明心见性的人能领悟般若智慧，小根器的人却只能领悟小智慧，这就是领悟力不同而受益不同。

这个故事告诉我们，每一个人都要相信，在自己身上有一颗无价的宝珠；这颗宝珠其实就是我们的佛心、佛性，只是我们不知道，又或者知道而不敢承认，因而妄自菲薄，不敢以富人自居。“衣珠喻”中的无价之宝比喻圆满的自性，众生因迷失自我，始终在苦海中流转。

唐代诗人柳宗元在《晨诣超师院读禅经》中云：“澹然离言说，悟悦心自足。”作者说，心中淡泊宁静难以言说，觉悟真谛心中愉快又满足。他清晨就去读经，力求领悟真旨，通过学道修心达到开悟，从中体悟到修道的淡泊宁静之境，而心中极为欣喜。我们可以体会到禅悦的心态就是一种精神觉悟的美妙状态。

唐朝鸟巢禅师有一首偈语：“来时无迹去无踪，去与来时事一同；何须更问浮生事，只此浮生在梦中。”

人生有许多迷惑，人的生与死都毫无痕迹可寻，不知道我们从哪里来，也不知向哪里去，故“来时无迹去无踪”，在死生之间，只有一件事是相同的，这就是迷惑。人从生到死都无法摆脱，如果不能勘破生命中的迷惑，就只能一再沉沦，最后一无所得，枉过一生。

宋代柴陵郁禅师诗云：“我有明珠一颗，久被尘劳关锁。今朝尘尽光生，照破山河万朵。”

柴陵郁禅师将“真如自在”比喻为心中的明珠，本来清净，任何灰尘都无法污染它，只因一念一差，心为灰尘所蒙盖，一旦觉悟智慧之光，光芒照亮天地。

慧能大师本人即是从不识一字的“獦獠”而大彻大悟的，所以他由自信、自觉、自证、自悟而生起对一切凡夫众生必能顿悟成佛的无上信心，并力图引导众生悟入这一真相。他说：“佛向性中作，莫向身外求。自性迷即是众生，自性觉即是佛。”他充分地肯定了人的主体性、自觉性、无限性、创造性，使明心见性的思想成为后来中国文化创新发展的智慧源泉。

慧能认为，凡圣只在迷悟之间。凡，就是凡夫；圣，就是圣贤。在社会上，人与人在素质上是有差别的。比如愚痴的人和智慧的人的差别，还有凡夫与圣贤的差别，烦恼和菩提的差别，就是迷惑的人和觉醒的人的差别。在《六祖坛经》里，根据人的根基，把人分为钝根和利根。钝，就是比较迟钝；利，就是比较敏锐。《六祖坛经》里对人与人的差别，用了两个关键字——“迷”和“悟”。比如愚人和智人，已经体悟到生命内在的那种大智慧的人就是智人；没有体悟到生命内在的大智慧，在生命中充满迷惑的人为愚人。凡夫和佛的差别，烦恼和菩提的差别，只在于生命是在迷的状态，还是在悟的状态。迷悟的状态，体现了不同的人格：是智慧的人格，还是愚痴的人格；是充满痛苦的生命，还是充满觉醒、解脱自在的生命；是凡夫众生，还是成为圣者。

二、“贪、嗔、痴”是导致“迷”的根源

出现“迷”的表现大致有三个：

一是自我的迷失，或者说是丧失了自我。不知道自己是谁，自己的一切都听命于他人的摆布，听命于命运的安排，没有选择的权利和自由。清朝顺治皇帝曾写了《赞僧诗》，诗云：“未曾生我谁是我？生我之时我是谁？长大成人方是我，合眼朦胧又是谁？不如不来又不去，来时欢喜去时悲。”顺治皇帝确实提出了“千古一问”的难题。“我是谁”既是离我们最近，又是最远的问题。我们知道自己的生命是从何而来吗？这不仅只是由父母所给予那么简单。实际上，人的生命是地球上能量的一环，出生之前，人的生命也是宇宙能量大循环中的一部分，和万物息息相关，互相应和，形成一个整体。人与万物同化，为此也没有必要“来时欢喜去时悲”。而一

个人出生以后，更要明白自己在家庭、在社会中充当的“角色”，并且在人生的舞台上扮演好这一“角色”，不要枉费时间，浪费生命。能当上皇帝对许多人来说是何等“风光”的事，但顺治没有兴趣、没有能力，有如肩负千斤重担，压得喘不过气，这个重担令他十分痛苦。因此，他最后选择了“出家”。正由于自我的迷失，许多先哲提出“认识你自己”的命题，这就是认识自己的兴趣、爱好、性格、才能等，找准自己所处的位置，选择好自己的职业、伴侣和社会角色，努力地实现自我的价值。

二是不知道自己向何处去。这种“迷”就是没有明白人生的方向、目标，或者胸无大志，或者左右摇摆、混混沌沌过日子，做一天和尚撞一天钟，更可悲的是选错了目标，甚至走上了邪路。

三是过于自我的执着。这就是以自我为中心，一切以自我为出发点。产生一种自我的重要感、自我的优越感、自我的主宰欲，这是人生最大的“迷”，也是“迷”的根本原因。正是强烈的“我执”，导致产生了“贪”“嗔”“痴”这“三毒”。这“三毒”使人身心受到了“迷惑”。慧能在《六祖坛经·般若品》中说：“当用大智慧，打破五蕴烦恼尘劳。如此修行，定成佛道，变三毒为戒定慧。”慧能认为“贪”“嗔”“痴”这三种表现是根本烦恼之首，有碍于众生解脱，尤其会毒害众生，是心灵的“毒药”。

（一）“贪”

什么是“贪”，《说文解字》：“贪，物欲也。”本义为爱财，即不择手段地求取财物，而且只求多，不知足。

佛教把贪婪列入人生的八大恶行，认为贪是修行的大敌，是产生一切烦恼的根本；贪指欲望过度。汉字“贪”非常形象地描写了“贪”的状态。“贪”字从今，从贝，“贝”即为钱财，眼中只看到现在的钱财，而不顾长远的利益就是“贪”。因此贪首先表现为常思当前之利，专务现在之得。贪，从贝，为得财货占有之意。从今，为现在之称。古人云：“心足则物常有余，心贪则物常不足。”“贪”表现为强烈的占有欲和放纵的欲望。有些贪婪的人，其拥有的财富、名声、美色已经远远超过他的需求，但往往不知足，不是追求物质的享受，而是在追求一种心理的欲望。结果不外乎两种：

一是贪眼前利益失去长远利益。非洲土人抓狒狒有一绝招，就是将食物放在一个口小里大的洞中，故意让狒狒看见。等人走远，狒狒就活蹦乱跳起来，将爪子伸进洞里，由于洞口太小，抓了食物的爪子无法抽出。狒狒舍不得放下食物，越是惊惧和急躁，攥得越紧，爪子就越无法从洞中抽出。这时猎人大摇大摆地过来，只管收获猎物。这个故事告诉我们，如果受眼前一点物质利益的诱惑，必然钻进他人的圈套而不能自拔。许多人不会算账，有时虽然得到眼前一点小利，但从长远来说失去的会更多。一个人如果为了眼前的利益而违法犯罪，等于失去一辈子的收入，况且这不但是经济的损失，还丧失了名誉、地位、自由、亲情等。

二是贪便宜而失大利。贪从表面看是有小的好处的，但失去的是大好处，即舍本逐末。有些人不满足目前的境况，为贪点小利，却失去了自由，甚至失去了生命，得不偿失。《红楼梦》第一回就说："今之人，贫者日为衣食所累，富者又怀不足之心，纵然一时稍闲，又有贪淫恋色，好货寻愁之事。"又说："因嫌纱帽小，致使锁枷扛。"贪可以说是人性的一大弱点。

贪的内容主要有三个方面：

一是贪利。贪利者必然为利所困，必然短视，气度狭小，最终得不偿失。

古时候，有一个国王非常富有，但他还是不满足，希望自己更富有。他向天神祈求给他一个金手指，只要他摸过的东西都能变成金子。天神满足了国王的愿望，国王高兴极了，他开心地用手摸着王宫里的一切，顿时每样东西都变成了金子。此时，国王心爱的小女儿高兴地跑过来，国王伸手拥抱她，活泼可爱的女儿立刻变成一尊冰冷的金人，国王顿时傻了眼。

这则故事说明贪是一种邪恶的力量，它可以把人异化为物，使人迷失了本心。

二是贪名。贪名者为名所累，名是绳，利是锁，尘世的诱惑如绳索一般牵引着众人，一切烦恼、忧愁、病苦皆由此来。此类贪者，往往殚精竭虑，过分营求，辗转于“求不得”的烦恼之中，还会做出许多沽名钓誉、结怨成仇的傻事。即使侥幸得到名位，如果自己不能胜任，那就是祸不是福。而且贪名者，还必陷入力保其位、唯恐失之的新一轮忧惧之中。但每场戏必有落幕之时，真是心劳身苦一场空。

三是贪色。贪色者为色所害。色字头上一把刀，有些人落入色诱的圈套，得到一时的欢娱，失去一生的幸福，这类例子不胜枚举。

贪是一种邪恶的力量，它会用欲望迷失人的本心，从而使人在追逐欲望的深渊中不能自拔，最终付出巨大的代价。俗话说物极必反，对财物的贪心越重，危害就越大。贪取不义之财，纵使一时富贵，而后旋即破败，身败名裂者不计其数。在中国历史上，有的贪官富甲一方，最后东窗事发，不但一无所有，还落得满门抄斩的后果。

和珅是历史上臭名昭著的贪官，特别擅于揣摩帝意，玩弄权术，是乾隆皇帝晚年的唯一心腹。有了皇上的宠信和庇护，和珅便肆无忌惮地揽权索贿，乱政祸国。他聚敛财富的主要方式是“卖官”，朝廷内外重要职务都把持在他手里，任何官员如果不向和珅纳银献宝，是很难晋升的，从而形成“和相专权，补者皆以赀进”“政以贿成”的局面。嘉庆四年（1799），乾隆逝世，嘉庆帝立即抓了和珅，下狱问罪，抄没家产。抄家时发现，其资产有现银两千多万两、土地上千顷、房产数百处，据说总财产约八亿两白银，总之，和珅家产超过了清朝政府十五年财政收入总和，故民间有“和珅跌倒，嘉庆吃饱”之说。

人若有了贪心，就是一个永远填不满的深坑。俗话说：“贪心起处，十万金刚压不住。”贪心会使人失去自制力，身不由己，一步一步地走向深渊。

从前，有一个人家徒四壁，一位道长可怜他，给了他一个布袋，说：“这个袋子里有金币，每次只能拿一枚，但只有把钱袋扔掉才能花。”穷人想，那我得多拿一些，于是整整一个晚上不停地拿，本来这些钱够他花一辈子了，但他仍不满足，继续不吃不喝地拿金币，最后虚弱得连拿金币的力气都没有了，终于死在钱袋旁边。

有些人正是这样过分地追求和占有，贪得无厌，最后的结果是“人在天堂，钱在银行”。一个贪求厚利、永不知足的人等于在愚弄自己。用自己的生命去换取个人无法享受的财富，是一种愚蠢的行为。

贪婪是一切罪恶之源。贪婪能令人忘却一切，甚至自己的人格。贪婪令人丧失理智，做出愚昧不堪的行为。

《百喻经·饮木筒水喻》讲了这样一个故事：

从前，有一个人，走路走得既口渴又疲乏，看见一木筒中有清净的流水，便凑到木筒边上喝水。他喝够水后，就指着木筒说："我已经喝好了，水不必再流出来了。"但是，水还是照旧不断地流出来。他气愤地说："我已经喝够了，叫你不要再流出来，你为什么还要不停地流出来呢？"有一个人在旁边看见了，就对他说："你真是一个大傻瓜，你为什么不走开，反而叫水不要流出来呢？"

世上有许多人，在生死流转中，极尽五欲享受，到了精疲力尽厌倦之时，便说："色香味不要再来了，别使我再见到啊！"可是，五欲还是连续不断地来。于是，便恼怒极了，连说："叫你赶快灭除，不要再出现，为什么还要让我再见到呢？"这时，一位明达事理的人来劝他说："你如果希望离开五欲，就应当收摄你的六根，不要胡思乱想，不要让你的心向外驰。为什么你不想见到的东西，就希望它不产生呢？这样不就和口渴想喝水，而饮够了就希望水不再流的傻瓜一样吗？"

（二）"嗔"

什么叫"嗔"？《说文解字》："嗔，盛气也。"从口，真声。本义为气势盛大。汉字“嗔”由“口”和“真”组成，意思是把内在的、本性的真实感受和想法，尤其是恶劣的、憎恨性的语言一股脑说出来，图一时口舌之快。人在生气的时候，往往情绪激动，为了表达自己的愤怒，说话不经大脑，口不择言。“嗔”的意思有两个，一是指愤怒、生气；二是指对人不满、怨恨他人。通俗地说，是仇恨心和愤怒心。寒山禅师说：“嗔是心中火，能烧功德林。欲行菩萨道，忍辱护真心。”心中如有怨恨，内心就没法获得平静。有了怨恨，必然会产生不满、敌对、争斗，从而小恨变成大仇，冤冤相报无时休。结果不但伤害了别人，也伤害了自己。

嗔是佛教所说的根本烦恼之一，与贪和痴一起被称为“三毒”。嗔的产生和作用与贪正好相反。贪是由对事物的喜好而产生无餍足地追求、占有的心理欲望，嗔却是由对众生或事物的厌恶而产生愤恨、恼怒的心理，是一种仇恨和损害他人的心理。佛教认为对违背自己心愿的他人或事物生起怨恨之情，会使身心烦恼不安，对修行十分有害。因而佛教把嗔看作修行的大敌。嗔对个人的心性也有很大的伤害，发怒往往使人气血逆行，血压上升，对自己的身体也是极大的伤害。对他人或社会而言，嗔的危害更大。因嗔怒他人而起仇恨之心，便会发生争斗，或导致互相残杀，轻者危害一家一村，重则使整个社会乃至国家陷入灾难。

嗔主要表现为嗔怒、嗔怪、嗔责。嗔怒是非常愤怒、发脾气。人一旦做了愤怒的俘虏，就会丧失正常的判断力，“越想越生气”，从而失去自我，远离目标，丧失理智，做出一些后悔莫及的事情来。如《三国演义》中张飞也正是因为性格暴躁，毒打士兵，才被手下割了首级。

嗔怪，是生气怪罪，即在不明真相的情况下，怪罪他人，误伤好人。

有一天，一位和尚到城中一位手艺人家里化缘，这位师傅专以穿珠为生，人称“珠师”。珠师见和尚来了，便放下手里的活计，到厨房取食，散乱的珠子顺着珠线，一颗颗滚到地上。因佛门有戒律“不予取”（即别人不给你，你不能动，否则即犯盗戒），和尚便静静地站着。这时，一只鹅扑过来将一颗珠子吞入腹中。珠师回来后，发现少了一颗珠子，怀疑是和尚偷了，便大发脾气，谩骂不止。和尚也不辩解，珠师更以为他默认了，拿起鞭子抽打和尚。和尚想，如果说出真相，鹅就没命了。于是他保持沉默，任凭珠师鞭打。珠师打一鞭子，问一声，逼和尚拿出珠子，和尚被打得皮开肉绽，仍然一声不吭。这时，那只鹅好像通人性一般，嘎嘎地叫着，扑向珠师，叼住珠师的衣襟。珠师气急败坏，一鞭子抽下去，鹅当场毙命。珠师还不解恨，杀了鹅，无意间在鹅肚子里发现了珠子，这才意识到错怪了和尚。轻易嗔怪，一错再错，人间因此而酿成的悲剧数不胜数。

嗔责，是对人不满而加以责怪。一个人当自己产生不良情绪以后，容易迁怒于周围的人和事，伤及无辜，形成不良情绪的传递。

有一位经理因早晨起床晚了，开车去上班时又因忙中出乱闯红灯，吃了罚单，到了办公室见桌上还放着本应寄出的信件，就把秘书叫进来痛骂一顿。秘书回去后，又把文员一阵狠批。文员受了气，回到家看到儿子趴在地上看电视，当下修理了他一顿。儿子愤愤地回到房间，见到家里的狗，狠狠地踢了一脚。狗受了惊跑了出去，在路上咬了一位行人。那位行人，恰巧就是经理的老婆，真是环环相扣啊。

在日常生活中，这种现象并不少见。有些人不恰当地转移负面情绪，结果陷入“老板骂手下，手下打小孩，小孩踢小狗”的恶性循环。

嗔的根源大多是因为逞能，在于欲表现自己的权威。一般来说，官大的人，钱多的人，脾气会大一些。比如，地位高、身份显赫的人，他们发怒是要证明自己“至高无上”的威严，其动机是为了“奴役”他人。

从历史上看，历代王朝的统治者大多属于“怒者不仁”，因此，农民起义屡屡发生。反之，为什么会出现“贞观之治”“开元盛世”“康乾盛世”？答案再简单不过了：“仁治”胜于“奴役”。一些有作为的皇帝在金銮殿上挂“一团和气”的金匾，就是为了警示自己凡事不要发怒，以免酿成一发不可收拾的大错。

（三）“痴”

什么叫“痴”？《说文解字》：“痴，不慧也。”造字本义为心智有障碍，反应迟钝，缺乏判断力。“疒”是“病”的本字，甲骨文像人得病躺在床上之形，因为人病了，起不了床，在床上休息。“知”与“智”同源，表示人的智力、智能、智慧。“痴”可以理解为人的智力出了毛病，对事物的分析、鉴别、判断能力低下。

“痴”的本义为不聪慧、迟钝、疯癫等，如痴人说梦、痴呆懵懂、痴钝、痴愚。痴也指入迷和极度迷恋，如痴心、痴情等。

在佛学中，痴，指无明，即心性迷暗、愚昧无知、不明事理。佛教认为，众生因无明，致心性愚昧，迷于事理，才有“人”“我”之分。于是产生我执、法执，人生的种种烦恼，世事之纷纷扰扰，均由此而起。贪欲是对名声、财物等无休止的追求；嗔是对不合自己心思事物的憎恨，从而使自己身心不得安宁。

痴最大的特征是偏执。“痴”人的头脑就像一块顽石，不开化，不觉悟，无智慧。痴愚的人往往固执己见，不懂得变通，其结果非常可悲。

从前，有两个樵夫在山里发现两大包棉花，当下各背了一包赶路回家。走着走着，一名樵夫眼尖，看到山路上扔着一大捆布，他就和同伴商量，扔下棉花，背布回家。他的同伴认为自己已背着棉花走了一大段路，到了这里丢下棉花，岂不枉费，坚持不愿换布。又走了一段路，背布的樵夫见不远处的地上散落着数坛黄金，赶忙用挑柴的扁担挑黄金。他的同伴怀疑黄金不是真的，仍不愿丢下棉花。刚走到山下，就下起雨来，两人被淋了个透湿，棉花因吸饱了雨水，重得背不动，那樵夫只能丢下，空着手和挑金子的同伴回家去了。

机灵的人得了黄金，愚蠢的人却两手空空。在人生的关键时刻，只有灵活变通，放弃无谓的固执，才能做出最正确的选择，走向通往成功的坦途。

然而，说起来容易，做起来难。世间的人一旦有了功名，就会对功名执着；有了金钱，就会对金钱执着；有了爱情，就会对爱情执着；有了事业，就会对事业执着。执着是对某一事物坚持不懈，不能超脱。《红楼梦》里，贾宝玉对爱情的执着，可以用“痴”来形容，主要表现在和林黛玉的共鸣和纯真上。他反对利益捆绑的爱情，更反对追求享乐的爱情，追求的是纯真的至情至爱，与林黛玉有共同的爱情观。他首次见到黛玉，便难以压制自己的喜欢，并因此诱发痴狂病。

《红楼梦》第一回的《好了歌》对“痴”作了生动的描述：

世人都晓神仙好，

惟有功名忘不了。
古今将相在何方？
荒冢一堆草没了。

世人都晓神仙好，
只有金银忘不了。
终朝只恨聚无多，
及到多时眼闭了。

世人都晓神仙好，
只有娇妻忘不了。
君生日日说恩情，
君死又随人去了。

世人都晓神仙好，
只有儿孙忘不了。
痴心父母古来多，
孝顺儿孙谁见了？

世人都痴迷于功名、金银、娇妻、贤孙，其结果都是一场美梦、一场幻觉，也是人生的一大悲哀。有的人痴迷于功名，结果功名成为套在脖子上的一道枷锁，使人失去了自由。有的人痴迷于财富，但得到了财富却失去了健康，无缘享受。有的人痴迷于娇妻，殊不知不但“红颜薄命”，而且“红颜夺命”。有的人痴迷于培养一个孝子贤孙，但现实生活却很残酷，许多子孙都是“啃老族”，最终子孙都靠不住，只能靠自己。

贪、嗔、痴使人执迷不悟，跌落万劫不复的深渊。佛教倡导“勤修戒定慧，熄灭贪嗔痴”，就是要人们通过戒定慧的自我修养，去除贪欲心、愤怒心和愚痴心，净化自己的心灵。而在具体实践上，则要求人们以布施去转化贪欲心，以慈悲去转化愤怒心，以智慧去转化愚痴心。

三、觉悟要回归自我心性

六祖慧能一生有三次觉悟的经历，第一次是初闻《金刚经》，这是初悟、小悟。有一天，有个顾客买柴，并且要慧能把柴送到他的店里。顾客收下柴，慧能拿到柴钱，刚走到门外，这时忽然看见有个人在诵读佛经。慧能一听经文，当下心中有所开悟。这就是“心有灵犀一点通”，慧能有悟性，即下决心去求法。

第二次觉悟是初见弘忍大师时的一番对话。这是中悟。慧能到了黄梅东禅寺，拜见了五祖，五祖问道：“你是什么地方的人？到这里来是想获得什么？”慧能回答说：“弟子是岭南新州一带的普通百姓，远道来此参礼师父，只求成佛，别无他求。”五祖说：“你是未开化的南蛮，又怎么能够成佛呢？”慧能回答说：“人虽然有未开化和开化的南北分别，然而佛性却没有南与北之分呀！我的身份与大师的身份不同，但我们身上的佛性会有什么差别吗？”从对话中，可以看到慧能的自信，佛性人人具足，不因地域和身份的不同而有所差别。

第三次觉悟是听五祖讲解《金刚经》，至“应无所住，而生其心”而大彻大悟。慧能三次悟道的核心思想是悟缘起性空之理，了知诸法无定相，这是万法的本性，悟此实相无相之理，便是开悟。

觉悟要用心去体悟。汉字“悟”，从心，从吾，意为我用吾心，内心静省。悟是“我”的感悟，“我”的醒悟。“悟”强调我心而悟，意在明心见性，发现自我。用心去体察，省悟自身。古代禅师认为生的最高境界是体认自性，超越生死。心和我犹如镜子的两面，心、我合一才是悟，发现本心才是悟。印能法师写了一首诗：

佛在灵山莫远求，灵山只在汝心头。
人人有座灵山塔，好在灵山塔下修。

人之所以有无穷的烦恼，是因为找不到心灵中的自己。东晋末年的大文学家陶渊明，耻于与贪官污吏同流合污，不愿为五斗米折腰，愤然辞官归田，写下了著名的《归去来兮辞》。文中写道："悟已往之不谏，知来者之可追。"意思是说，悟到过去出仕做官的错误已不能改正，但现在辞官而归还不算晚。陶渊明发现自己的本性，做官并不能让他快乐。因此，辞官归田，这就是一种醒悟。在现实生活中，背离本心的职业、婚姻可以说是比比皆是，这正是当下许多人觉得幸福指数不高的一个因素。有的为生存而屈就职业，有的为了众人的目光而奔波，有的为了他人而活着，心中的真我去了哪里，一片茫然。其实，揭去"六尘"，用心看"我"，就是"悟"。

唐朝无尽藏比丘尼有一首偈语："终日寻春不见春，芒鞋踏破岭头云；归来偶把梅花嗅，春在枝头已十分。"

意思是说，世人求法在心外，眼睛追求好颜色，耳朵喜听妙声音，鼻子亲近香芬气，舌头爱尝甘美味，身体难离缠绵触，心中执着于分别。人的心在“六根”中迷失了自己，因而“终日寻春不见春”。其实佛性一直都在你的心里，不经意间才发现“春在枝头已十分”，窗前梅花已悠然盛开。只有从自己的内心去寻找，才能找到自己。

觉悟要有超越的智慧。觉悟是一种心境，是一种智慧的超越，是一种灵魂的升华。觉悟是一种心灵的修炼，是人的心态、心境的改变。心中觉悟，处处通达；心中无悟，修行无用。

一个青年背着大包裹千里迢迢跑来找无际大师，他说：“大师，我是那样孤独、痛苦和寂寞，长期的跋涉使我疲倦到极点；我的鞋子破了，荆棘割破双脚；手也受伤了，流血不止；嗓子因为长久的呼喊而喑哑……为什么我还不能找到心中的阳光?”大师问：“你的大包裹里装的是什么?”青年说：“它对我可重要了。里面是我每一次跌倒时的痛苦，每一次受伤后的哭泣，每一次孤寂时的烦恼……靠它，我才能走到您这儿来。”于是，无际大师带青年来到河边，他们坐船过了河。上岸后，大师说："你扛船赶路吧!""什么，扛了船赶路?"青年很惊讶，"它那么沉，我扛得动吗?""是的，孩子，你扛不动它。"大师微微一笑，说："过河时，船是有用的。但过了河，我们就要放下船赶路。否则，它会变成我们的包袱。孩子，生命不能太负重。"青年放下包袱，继续赶路，果然，他发觉自己的步子轻松而愉悦，比以前快得多。原来，生命是可以不必如此沉重的。

在现实生活中，许多人的思维总是在一个小框框中打转，由于跳不出自我的设限，找不到突破点，因而无法超越自己，故而，其思想境界和艺术水平总是停留在原来的水平。觉悟就要敢于告别过去，敢于放下所得，解放自我，实现新的超越。

觉悟要靠自我的觉醒。慧能认为觉悟就是断惑证真，不觉即是"迷"。《六祖坛经》讲："自性迷，佛即众生；自性悟，众生即佛。"慧能在《六祖坛经·般若品》中说："前念迷即凡夫，后念觉即佛。"自我觉悟的责任，就在每个人的手中，要自我承担，自我解救。

宋代诗人苏轼有一首诗叫《题西林壁》，诗云："横看成岭侧成峰，远近高低各不同。不识庐山真面目，只缘身在此山中。”对这首诗的理解，一般认为由于人站在各自的角度去观察对象，往往存在片面性、主观性、表面性，难以认清事物的全貌和真面目。“不识庐山真面目”，不但因为每个人的视角不同，还在于视角有限。一个人假如心灵受到虚妄的遮蔽，必然不能认清“真面目”，就是要彻见自性，眼能听声，耳能观色，心能感悟，也就能真正地识别全貌和真相。正如慧能所说，自性明，就会万象森罗，必然完全认清真相。

宋代诗人王安石曾有一首诗，叫《登飞来峰》，诗云：“飞来峰上千寻塔，闻说鸡鸣见日升。不畏浮云遮望眼，只缘身在最高层。”这首脍炙人口的诗，向来用于赞扬站得高，看得远。站在飞来峰可以尽览大千世界，可以看见太阳东升，可以不畏浮云。但这首诗也有禅意，就是只有自心开悟彻见自性，才能不畏浮云遮障，才能见到光明。慧能在《六祖坛经》中说：“虚空能含日月星辰，大地山河”，“卷尽云雾，万象森罗，一时皆现”，“于外着境，妄念浮云盖覆，自性不能明。故遇善知识，开真法，吹却迷妄，内外明彻，于自性中，万法皆见，一切法在自性，名为清净法身。”由此可见，一个人如果要看得远，不但要站得高，关键还在于自性的开悟，内外明彻。

凡夫与佛都在此心中，只要我们一念觉悟，就像一盏灯能使千年暗室光明遍照。六祖要行者肯定自己就是这出生命舞台剧的主角，没有任何人可以替代，要做自主、自尊、自立、自救的英雄好汉。所谓自我束缚，解铃还须系铃人，要学会自我解脱。

在《六祖坛经》中，慧能大师一再强调，学道的人要自己度自己，不能完全依靠别人，所谓“迷时师度，悟时自度”。一个学生读书求学，如果完全依靠老师，自己不用心，绝不会有太大的长进。所以，学佛修行，三分靠老师，七分靠自己，要“自性自度”，能够觉悟自己的自性，才能自度，这才是究竟之道。

觉悟要等待合适的机缘。机缘到了，水到渠成，自然就开悟了。觉悟，是一个机缘，是累积多少年的修行，到了那么一刻，众缘具备才能开悟。

南宋张九成听到蛙声开悟了，于是写下一首诗偈：“春天月夜一声蛙，撞破乾坤共一家，正恁么时谁会得？岭头脚痛有玄沙。”

听到蛙叫，可以开悟；看到花开，可以开悟；看到花落，也能开悟。慧能听到《金刚经》的一句话，“应无所住而生其心”，当下大彻大悟。

觉悟，对外境要有抗干扰的能力，内心不为外境所左右。常有些人缺乏自信，其思想往往为外界所左右，受他人所影响，这就是“说时似悟，对境生迷”。

如何才能做到对境不动心呢？

一是不要把烦恼带到床上。今天遇到任何烦恼生气的事，到了睡觉的时候，就不要再去想它。

二是不要把仇恨带到明天。今天有人对不起你，对你不好，明天就把它忘记，修行人不要有“隔宿之恨”。

三是不要把忧郁传染给别人。在生活里，自己的心头纵有一些伤心事，也不要把自己的忧郁传染给别人，不要把自己的情绪写在脸上，表现在行为上。

这样，我们能够不为荣辱动心，不为得失动心，不为好坏动心，不为是非动心。不动心就能做到“说时似悟，对境也不迷”了。

觉悟还要打破书本的桎梏。经典虽然是思想的精华，但并非全是金科玉律、一成不变，关键在于活学活用。如果采取教条主义的态度去对待，又是一种迷惑，难免走入“死胡同”，使自己不能觉悟。《六祖坛经·机缘品》记载了这样一件事：僧人法达，七岁就出家了，经常念诵《法华经》。当他前来朝礼六祖时，行顶礼，头却不触到地面。慧能斥责道："既然叩头行礼头却不着地，还不如不行礼叩头好！你心中一定自负着某些事情，你平时都修习些什么?"法达回答："我念诵《法华经》已经有三千遍了。"慧能说："你如果念到一万遍，领略了经文中的精妙的义理，而不自以为了不起，这样才算与我并肩而行。你现在如此自负，根本不知道诵经典的本意，而辜负了持诵《法华经》这番事业，却还一点不知道自己的过错。"

法达由于自己心中产生了"法执"，因为念诵《法华经》三千遍而产生了傲慢，慧能因此批评他有"慢"心，违背了诵读经典的本意，而陷入了迷惑。

慧能巧妙地用法达的名字去开导他，说："你的名字叫法达，可是你又何曾通达了精妙的佛法呢?"于是慧能又说了一首偈语：

汝今名法达，勤诵未休歇。
空诵但循声，明心号菩萨。
汝今有缘故，吾今为汝说。

但信佛无言，莲花从口发。

偈语意为："你如今的名字叫法达，虽然能够勤于诵读经典而不停息，然而只是枉然循声逐字在口头上念诵经典，而不明了经义。你可知道只有明心见性才能称作菩萨。你我也算是有缘，我才为你宣讲正确的佛法教义。你要相信究竟诸佛本无言说，一切文字皆不可执为实有，唯有如此，一切妙法自然而然就像莲花般从中生出。"慧能教导法达，诵读经典不可执着表面上的字眼，要理解其精神实质，更要融会贯通，这样才能达到觉悟的境界。

听了慧能的这番话，法达又误解为不需诵读经文了，问道："这样说来，只要理解领会了经义，就不必劳神费力去诵读了吗？"慧能说："经典本身有什么过错呢？它又是怎么能够阻碍你去念诵呢？只是人有迷者、悟者，那么持诵经典是好是坏，都是由个人自己的心是迷是悟所决定的，如果口中诵读经典，心中也依照它来修行，那么就是经为我所用，如果口中念诵经典，而心不去实行，那么就是被经文牵着鼻子走了。听我说偈：

心迷法华转，心悟转法华。
诵经久不明，与义作雠家。
有念念即正，有念念成邪。
有无俱不计，长御白牛车。

这首偈语意思是说：“心若执迷被法华转，心若领悟能转法华。诵经虽久不明经义，与理相悖成为仇（雠）家。无所执念所念是正，有所执念所念成邪。不论有无都不执着，永远驾大白牛车。”法达听了这首偈语，不禁感动涕泣，即时大悟，对慧能说：“法达从过去以来，确实未曾转《法华》，而是被《法华》所转。”

在慧能与法达的对话中，慧能强调了“知行合一”，不能诵而不行，强调人的主观能动作用，对经典要活学活用，融会贯通，实事求是，与时俱进。

觉悟还要经历开、示、悟、入的过程。慧能说：“佛犹觉也，分为四门：开觉知见，示觉知见，悟觉知见，入觉知见。”意为：佛，就是“觉”的意思，这“觉”分为四门，即打开觉性的智慧见解，显示觉性的智慧见解，悟解觉性的智慧见解，得到成就觉性的智慧见解。开、示、悟、入这四个环节是互相联系的。首先必须打开，必须用开放的胸怀去接纳，抛弃自己固有的传统偏见和思维，加以吸收、转化而使智慧显示出来，得到大彻大悟，最后进入自己的心灵，运用于现实生活之中。

四、觉悟要立足于现实生活之中

觉悟最终的落脚点是人间，是现实生活，离开了现实生活，觉悟也将是无源之水，也将无用武之地。慧能把人的心性觉悟与现实的观照融为一体，把超越精神与现实生活加以统一，从而实现自我心性的觉悟。

慧能在《六祖坛经·般若品》中说："佛法在世间，不离世间觉，离世觅菩提，恰如求兔角。"意思是说，佛法的真理就是在世俗生活之中，应众生之需要而确立的。离开世间众生另外寻求觉悟成佛之道，如同愚迷之人寻觅兔角似的了无所得。

日常生活是中国禅宗的活水泉源，禅宗注重"日日是好日，处处是好地"，这是中国禅宗的一种境界。所以，慧能提倡生活就是禅，在生活里：戒不可以不持，戒不持，就是人天路绝；行不可以不做，行不做，则功德不能圆满；经不可以不讲，经不讲，则理论不明；禅不可以不参，禅不参，则心地不能透悟；道不可以不悟，道不悟，则触目成滞。所以，自从六祖以下，他的门徒们非常提倡生活禅。例如，黄檗希运禅师的参禅，就是天天种田，天天植菜，在种田、植菜里参禅。又如慧能本人，在磨坊里舂米，在打柴、挑水时参禅。所以，后来的许多禅师，尤其百丈禅师“一日不作，一日不食”，提倡“搬柴运水无非是禅”。

第三讲　修心的核心：善心

《三字经》开头就讲："人之初，性本善。"善良是人的天性，是人的初心。其实，这个观点来自《六祖坛经》。慧能认为万法本在自心，心生万法，应从自心中去证悟其本性，修好一颗"善"心，所谓"善心"就是一个人的本心、初心，就是要发挥好"善心"的能量，就是开启大智慧。为此，《六祖坛经》对为什么要守护好"善心"，"善心"的内容是什么，如何进行修持，做了系统的论述。

一、修心的核心内容是修一颗善心

《六祖坛经》有一个贯穿的主线，反复地讲要修善心。

在《六祖坛经》中，慧能弘法时，给弟子和信众的开讲，每一段话的开头都是"善知识"，所谓"善知识"，就是能够教导众生修行善法，远离恶法，劝众生成就菩提之道的智慧，后来泛指德高望重、学识渊博的僧人或信徒。慧能把自己所讲的东西都概括为"善知识"，可见，"善"在慧能的心目中居于重要的位置。

慧能认为心是大地，性是种子，有什么样的心地就会产生什么样的心性，结出什么样的果子。

《六祖坛经·疑问品》说："心是地，性是王。王居心地上，性在王在，性去王无。性在身心存，性去身心坏。佛向性中作，莫向身外求。自性迷即是众生，自性觉即是佛。慈悲即是观音，喜舍名为势至，能净即释迦，平直即弥陀。人我是须弥，邪心是海水，烦恼是波浪，毒害是恶龙，虚妄是鬼神，尘劳是鱼鳖，贪嗔是地狱，愚痴是畜生。"

这段话的意思是说，人的心如同大地，而心之性就好比帝王，帝王居住在自心这块土地上。心性在帝王就在，心性不在帝王也就不存在。心性在，自己的身心就存在；心性失去了，自己的身心也就随着毁坏。佛是由识性之觉悟而成——也就是转识成智，从自己的心性中产生的，切不可去向身外驰求。自性被无明所遮障而迷惑，佛就是众生；自性一觉悟，众生也就是脱离了生死苦海的佛。

心存慈悲，自身就是观音菩萨；能够喜舍，自身就是大势至菩萨；能净化身心，自身就是释迦牟尼佛；心地平等正直，自身就是阿弥陀佛。反过来说，以自我为中心，其错误就如同须弥山一样高大，会妨碍向正道迈进；邪妄杂念所带来的愚昧无知就像大海一样无边无际；贫穷所引起的烦恼就如同波涛一样汹涌澎湃，永不安宁；心存毒害，就是凶猛的恶龙；心地虚伪狂妄，就是扰人的鬼神；常在尘劳中奔波，就如同鱼鳖；贪嗔炽然，就等于自造地狱；愚痴不化，就等于无知的畜生。

心是一个人生命的主宰。心里不喜欢，会有心理作用导致的生理反应。这说明“心”才是自己生命的主宰，慧能要求人们皈依自我本性，从学会谦恭忍让，从不论他人是非入手，参禅悟道去除邪迷心、狂妄心、嫉妒心、恶毒心。

慧能认为善心与恶心就是天堂与地狱的差别。他说：“思量恶事，化为地狱；思量善事，化为天堂。毒害化为龙蛇，慈悲化为菩萨，智慧化为上界，愚痴化为下方。自性变化甚多，迷人不能省觉，念念起恶，常行恶道，回一念善，智慧即生。”

意为心性思虑恶事，这个心就化为痛苦可怕的地狱境界；心性思虑善事，这个心就化为美好快乐的天堂境界。一生起狠毒害人之心，这个心就是恶龙、毒蛇的境界；一生起大慈大悲之心，这个心就化作菩萨的境界；一生起智慧之心，这个心就会变化出诸种立善道的境界；

一生起愚迷蒙昧之心，这个心就会变化出立恶道的下方世界。总而言之，自性所产生的千变万化，本性愚昧之人不能够省察觉悟这些，若在每个心念中都生起恶毒的念头，便会总在三恶道中轮回不已。如果能幡然醒悟，一心向善，般若智慧自然而然生起。

培育“善心”是修行的起点。慧能在《六祖坛经·坐禅品》中说：“无二之性，名为实性。于实性中，不染善恶，此名圆满报身佛。自性起一念恶，灭万劫善因；自性起一念善，得恒沙恶尽。直至无上菩提。”慧能说，在自己这种真实的本性之中，不染一切善也不染一切恶，这就叫圆满报身佛。如果自性中生起一个恶的念头，当下就能灭除许多以前所修的善的因缘；反过来，如果自性中生起一个善的念头，那么像恒河沙粒那样多的恶念当下就完全消除干净了。慧能认为恶念是通往地狱之门，一旦这个大门打开了，就一发不可收拾，在恶行的路上越走越远。相反，在“善心”的指引下，力行一个个善行，便养成了行善的习惯，必然出现善行的累积，反过来也促进了善心的强大，形成了“善心”与“善行”的互动，从而证得菩提的心性。

善良来自纯洁的心底，心善是一切美好的源头。善良是高贵精神、高尚道德、高雅情趣的原点和坐标。善良可以减少罪恶，善良可以给人带来温暖，善良也是照亮人生之路的明灯。一个善良的人就会有仁爱、包容、勇敢、忠贞等品格，不但自己快乐，也有和谐的人际关系。也许有人把善良当作软弱，说“人善被人欺”，无论怎样，我们还是要相信“善有善报，恶有恶报”。

汉朝有一个谏议大夫叫王吉，有一次回乡省亲，在路上碰到一位老人拉住轿子。王吉问：“老先生有何指教?”老人说：“今天我送你三个字，可以保你一生平安。”王吉轻声问老人：“哪三个字?”老人说：“心宜善!”王吉心中一震，背上冷汗淋漓。他想到自己担任谏议大夫这些年来，虽然总体来说能勤政为民，但是偶尔党同伐异，弹劾政敌。省亲归来，王吉就像变了一个人似的，不管什么事都严格要求自己。清正廉明，仁慈宽厚。最终，成为西汉一代名臣，不但善始善终，而且子孙后代皆成才。自东汉至明清，这一千七百多年间，王吉的后人中，“二十四史”有明确记载的，就有36人被封为皇后，35人成为驸马，186人担任宰相！琅琊王氏，也因此成为中国历史上最为显赫的家族之一。

善良不仅仅是口头上说说而已，关键在于行动。

慧能在《六祖坛经·疑问品》中说：“常行十善，天堂便至。”慧能认为“行善”就是天堂，行恶就是地狱，经常修行十善，天堂就在眼前。

慧能在《六祖坛经·疑问品》中说：“常行十善，天堂便至。除人我，须弥倒；去邪心，海水竭；烦恼无，波浪灭；毒害除，鱼龙绝。”意思是说，经常修行十善，天堂就在眼前；铲除心中对自我的执着，就好比须弥山自行倒塌；消除了邪妄杂念之心，就如同使大海之水枯竭；没有了尘世的烦恼就如同波浪的平息；消除了毒害众生的心念，就如同恶龙和鱼鳖绝迹。善良要从一点一滴做起，“勿以恶小而为之，勿以善小而不为”，要积小善为大善。当善成为一种土地，成为一种气候，就能形成更多的善行善德。

善良，要时时守护善念。慧能在《六祖坛经·忏悔品》中指出，修心要常存“善念”：“自性起一念恶，灭万劫善因。自性起一念善，得恒沙恶尽。”意思是说，恶念心一起，乃造地狱之因。善念心一起，则可成就佛种。以善心为起点，立誓愿渐渐修行，最后一定可以证得无上菩提之性。

《六祖坛经·坐禅品》中说："世人性本清净，万法从自性生；思量一切恶事，即生恶行；思量一切善事，即生善行。"意思是说，世间的人本来心性是清清净净的，世间的万事万物都从自性中随缘感现。你自心思量种种恶事，就会相应地去做恶事；你自心思量种种善事，就会相应地去做善事。慧能认为善恶在于人的一念之间，善心产生了善念，进而产生了善行。为此，必须常护善心，常怀善念。

慧能不但主张人要有"善心"，而且身体力行地"善行"。他遵照五祖的嘱咐到南方避难，到达曹溪以后，又遭坏人追杀，于是，避难于四会，迫不得已，混迹于猎人的队伍中，度过了十五个春秋。在这期间，猎人经常让他看守捕捉鸟兽之网，每当见到有生命的飞禽走兽落入网时，慧能就把它们全部放跑。这表现了慧能善良的心地、慈悲情怀和对生命的尊重。对待动物尚且如此，那么人类就更加不能伤害了，而应加以珍惜、爱护，这就是善性，也就是佛性。善良是一个人的心地，在善的心地上，结出来的果实是慈悲、喜舍、关爱。

"善心"的培育还要有"正知正见"。《六祖坛经·机缘品》中说："世人心邪，愚迷造罪，口善心恶，贪嗔嫉妒，谄佞我慢，侵人害物，自开众生知见。若能正心，常生智慧，观照自心，止恶行善，是自开佛之知见。”意思是说：世人之心中，总是充满了邪知邪见，因愚迷无知而造下种种罪业，口说善言，却心怀恶念，贪婪、嗔恨、嫉妒、阿谀奉承、狂妄傲慢，损人害物，这些是来自众生的知见。如果你有正知正见，在心中常生般若智慧，观照自己的本心，外则能够劝恶从善，这就是从自心上去开佛之智慧。慧能在这里指出了恶念来自邪见，善念来自正见，一个为贪、嗔、嫉、慢所左右的人，必然产生恶念，而行恶行。因此，要有正知正见，去消除邪知邪见，改恶行善，开启自心的智慧。

二、立善心、行善行要追求真功德

布施、设斋是立善心、行善行的表现，但两者并不能画上等号，关键要看其动机和效果。在《六祖坛经·行由品》中，慧能分析了功德与福德的区别，回答了什么是真功德。

韦刺史请慧能设立法会，提出了疑问：“弟子曾经听人说达摩大师当初化导梁武帝时，武帝问达摩：‘我这一生建造很多寺庙，剃度许多出家人为僧，布施贫困，供养僧众，我这样做有没有功德?’达摩回答说：‘做了这些事并没有功德。’弟子并不理解达摩大师所说的话，请大师为我解说。”

慧能曰：“实无功德。勿疑先圣之言！武帝心邪，不知正法。造寺、度僧、布施、设斋，名为求福，不可将福便为功德。功德在法身中，不在修福。”又曰：“见性是功，平等是德。念念无滞，常见本性真实妙用，名为功德。内心谦下是功，外行于礼是德；自性建立万法是功，心体离念是德；不离自性是功，应用无染是德。若觅功德法身，但依此作，是真功德。若修功德之人，心即不轻，常行普敬。心常轻人，吾我不断，即自无功；自性虚妄不实，即自无德，为吾我自大，常轻一切故。善知识！念念无间是功，心行平直是德；自修性是功，自修身是德。”

慧能大师说：梁武帝所做的确乎是没有功德的，千万不要怀疑前代圣人的话。为什么说梁武帝做了那么多事，还是没有功德呢？这是因为：第一，梁武帝是带着个人的功利之心去布施的，是为了博取好的名声，是为了自己获得更多的利益——来生做皇帝。这种带有强烈功利色彩的行善，施得越多，自我越膨胀，与去“我执”和身外之物的正法越来越远。慧能在《六祖坛经·机缘品》中说：“有我罪即生，亡功福无比。”意思是说，有我执的自以为是之心，则会产生无量无边的罪业。假如能够无我，不处心积虑地去追求功德，才能获得无量无边的福报。梁武帝明显带着“我执”之心去布施，其出发点已经决定了他是“无功”的。第二，梁武帝是“心邪”，他执迷于不正确的道法，不是从内心去证悟，而是着迷于外境，不了解“直指人心，见性成佛”的顿教法门。梁武帝建寺、度僧、布施，是心外求法。真正的功德在自身本有的成佛的心性中，应该向心中求，不能在福报之中求。第三，梁武帝所布施的财物并非自己的钱财，而是来自国库，严格来说并不能算是真正的自我布施。

其实，功德和福德是有根本区别的，世人往往把功德和福德混为一谈，慧能对此作了区分。他对什么是功德作出了回答：能彻见了悟自身佛性是功，持心平等、无差别是德。时时刻刻的念头，念念通达而无所滞，不为尘世间的一切事物所束缚。而恒常自见本性的真实妙用，叫作功德。内心谦逊就是功，对外彬彬有礼就是德。从自性本体而言，从自我本性上建立一切事物和现象是功，但本心之体，不被尘俗妄念烦恼所牵引是德。任何时候都不离自我的本性是功，而在一切的施为运作上，不杂染六尘就是德。如果要寻觅功德的本性，只要依据上面所说的来修行，那就是真功德啊！

慧能还说："念念无间是功，心行平直是德，自修性是功，自修身是德。"意思是说，自己的每一个心念都是自性，而永不间断，是功；经常保持一种平等正直的心境，是德。注意自身的修养是功，注意自身的心性的修行是德。

慧能认为真修功德的人有如下特征：

一是谦和礼让。"心即不轻，常行普敬。心常轻人，吾我不断，即自无功。"意思是说，真修功德的人心中绝不会骄傲自大，目中无人，而是恒常地、普遍地恭敬对待每个人。如果心中常轻视别人，不去除对自我的执着，那么终究无功可言。有些人自命不凡，只要是做了一点好事，就作为功绩到处炫耀。还有的人以地位、名望、金钱的标尺去待人，不尊重他人的人格，居高临下、趾高气扬，这些都是我执，自然无功。有功德的人，应该是施恩不记，施恩不求报。相反，应当把自己所作的功，当作本分、当作责任，应当感谢施与的对象提供的机会，应当记住这是群体的力量和众人的支持，应当以“我忘”的境界去对待功。

二是功德从自性中“内修”，功德来自自我的悟性，而不是在心性之外能寻觅得到的。一般的念佛诵经，布施钱财、造寺斋僧是得不到真正的功德的。这是因为带着功利的心去做善事，本身就违背了行善的出发点。有的人布施、斋戒、诵经自以为功德，其目的是一己的升官发财、子孙兴隆、身体健康，存在浓厚的我执，是试图与佛祖进行等价交换，是向外寻觅，并无功德可言。梁武帝不懂法理，因此没有真功德。

三是无我执才是真功德。《六祖坛经·机缘品》中说：“有我罪即生，亡功福无比。”意思是说，有我执的自以为是之心，则会产生无量无边的罪业，假如能够无我，不处心积虑地去追求功德，才会获得无量无边的福报。在《金刚经》里也提到福德与福德性的问题。福德，从因果来讲，有投入产出，行善修福，多做多得，少做少得；福德性则是自性的内求，不能以有无的对立观念来论多论少。所以，达摩祖师从本体、本质上来讲功德，梁武帝却没有那样深的领悟，所以彼此话不投机半句多。

因此，布施、设斋究竟是否有功德，就看是从什么层次来讲。如果从有为法来看，布施必定有功德。布施犹如播种，有播种，因缘成熟，必然有收获，所以布施是无尽的宝藏，你有布施，你就有储蓄，就有果报。一个人如果每天光是贪图别人的东西，是贫穷；常行喜舍，才是富贵。但如果有功利之心，存在一己之私心则会功德全无。

布施的形式是多样的，如财布施，喜舍自己的钱财去利益众生；身布施，喜舍自己的身体，如今天的献血、捐献器官；法布施，为他人说法使之开悟。布施要从自己的能力出发，关键在于真心、诚意。有的人虽然不是很富裕，却能尽己之力布施，更显有功德。有人认为自己既无能力，又无财力，无可布施，其实不是这样的。释迦牟尼说一个人即使没有钱，也可以给予别人七样东西：

第一，颜施，你可以用微笑与别人相处。

第二，言施，对别人多说鼓励的话、安慰的话、称赞的话、谦让的话、温柔的话。

第三，心施，敞开心扉，诚恳待人。

第四，眼施，以善意的眼光去看别人。

第五，身施，以行动去帮助别人。

第六，座施，乘船坐车时，将自己的座位让给他人。

第七，房施，将自己空下来的房子提供给别人休息。

释迦牟尼最后说："无论是谁，只要有了这七种习惯，好运便会如影随形。"

有时候同样的布施，但因钱财用法不一样，对方接受的心态不一样，而布施者的出发心也不一样，效果不一样，功德就有胜劣之分了。所以，《六祖坛经》里说梁武帝的布施"了无功德"，因为有为法的功德是可多可少的，唯有我们的本体的功德性才是不增不减、无多无少的。因此，布施不但要看动机，更要看效果。要用较少的钱去办更多的好事，要防止好心办坏事，还要讲究方式方法，这样才是真功德。

三、修心的关键在于修养心性

慧能认为修心的关键在于明心见性，回归人的本能。他在《六祖坛经·疑问品》中说：

善知识！常行十善，天堂便至；除人我，须弥倒；去邪心，海水竭；烦恼无，波浪灭；毒害除，鱼龙绝。自心地上觉性如来，放大光明，外照六门清净，能破六欲诸天。自性内照，三毒即除，地狱等罪，一时消灭。内外明彻，不异西方。不作此修，如何到彼？

以上的意思是说：善知识！经常修行十善，天堂即在眼前；铲除心中对自我的执着，就好比须弥山自行倒塌；消除了邪妄杂念之心，就如同使大海之水枯竭；没有了当世的烦恼就如同波浪的平息；消除了毒害，众生的心念就如同恶龙和鱼鳖绝迹。以自己的心地之上去认识自性中的如来，自性如来施放出大智慧光明，照耀着眼、耳、鼻、舌、身、意，使六门清净而不杂染一切欲望，摧破六欲诸天之业果。若能用自性之光向内心返照，就得以铲除贪、嗔、痴三毒罪业。心中若无贪、嗔、痴之毒，难忍的地狱之苦将在顷刻之间烟消云散。这样一来，心境内外的一切都是光明清澈的，与西方极乐世界就没有区别。如此内外光明澄澈，就如同清净的西方极乐净土一样，如果不做这样的修行，如何能到西方极乐世界呢？

慧能大师作偈颂说：

心平何劳持戒？行直何用修禅？
恩则孝养父母，义则上下相怜。
让则尊卑和睦，忍则众恶无喧。
若能钻木出火，淤泥定生红莲。
苦口的是良药，逆耳必是忠言。
改过必生智慧，护短心内非贤。
日用常行饶益，成道非由施钱。
菩提只向心觅，何劳向外求玄。
听说依此修行，天堂只在目前。

佛学认为修心要修“十善”，“十善”分为身、语、意三大类，分别是身三善：不杀生、不偷盗、不淫邪；语四善：不妄言、不疑语、不是非、不恶口；意三善：不贪、不嗔、不痴。慧能重点强调要培养如下的善心：

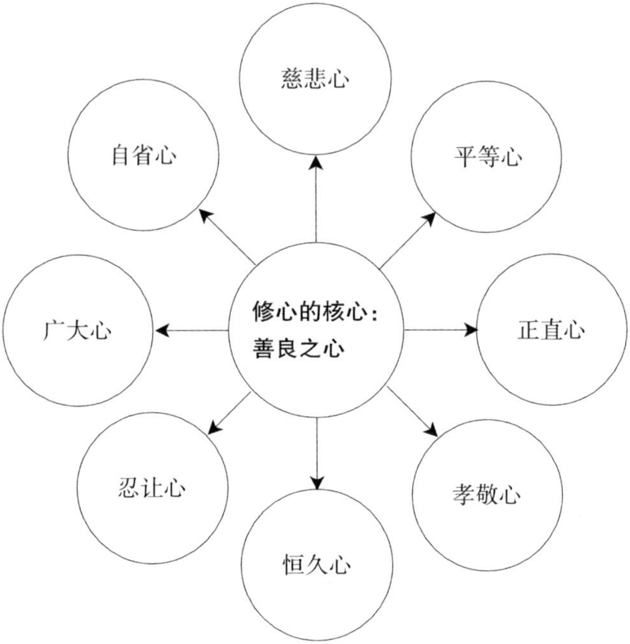

（一）慈悲心

慧能在《六祖坛经·疑问品》中说："慈悲即是观音"，意为具有大慈大悲之心拯救众生的就是观世音菩萨。慈悲的意思是：慈能予善、予乐；悲能拔苦、除难。就是我愿意帮助你去除困难，去除痛苦，带给你幸福、安乐。你用这种慈悲心来待人，别人纵有不是，也会以一种同情心、怜悯心去包容他。

佛学认为，爱护众生、给予欢乐叫"慈"（予乐）：

怜悯众生、拔除苦难叫“悲”（拔苦）。佛经认为有三种慈悲：一是“众生缘慈悲”，指以众生为对象的慈悲，此为凡夫的慈悲，即小慈悲；二是“法缘慈悲”，指觉悟到诸法无我之理所起的慈悲，即中慈悲；三是“无缘慈悲”，指离一切差别，心无所缘，是佛的慈悲，即大慈悲。那么，慈悲之心表现在哪里呢？

一是怀有一颗仁爱之心。汉字的“慈”字从心，表示“慈”是发自心底，是出乎心性的，它是一种丝丝相连、永不枯竭的爱。古人云：“人生有三好：父严、母慈、人不老。”父因爱而严，母因爱而慈，慈爱是父母的基本要求，这来源于天然的血脉联系和亲情。

二是拥有一颗善良之心。慈悲是一种同情之心，是一种恻隐之心，是一种悲悯之心。这就是人为善，他人若不幸，我心应哀怜。我的心是为他人而怜，是悯人之心，以他人之心为我心，以他人之苦为我苦，以他人之愿为我愿。其实，一个人若有好心肠，有慈悲心，必然会同情关怀弱者，扶危助残，对人守信用，对父母孝顺，处处给人方便。这样，不但能令自己身心康泰，若推广到全社会，人人如此，整个社会也将和谐美满。

三是对人间生命的尊重和关怀，怜人惜物。世间的生命没有所谓“高低贵贱”之分，都有存在的意义和价值。即使是弱小的、卑微的生命也应平等对待。

滴水和尚十九岁在曹源寺出家，拜仪山和尚为师。有一次，师父派他去烧水洗澡，师父嫌水太热，要他去提一桶冷水冲兑一下，他提来了冷水，把热水调凉了，然后把多余的热水泼在地上，又把多余的冷水也泼在地上。

师父见此说：“你多冒失啊，地上有多少蝼蚁、小草，这么烫的水浇下去会毁掉多少性命，而剩下的水随便倒掉，多浪费。本来可以用来浇灌，可养活多少草、树。你若无慈悲之心，出家又为什么呢？”

他于是开悟了，并以“滴水”为号。

慈悲之心要求不杀生，尊重每一个生命，即使是卑微弱小的生命，也应平等对待，给予怜惜、关爱。

唐朝黄檗有一首诗，劝导人们努力做一个慈悲人，诗云：“心如大海无边际，广植净莲养身心。自有一双无事手，为作世间慈悲人。”

（二）平等心

慧能说：“心平何劳持戒。”意思是说，心中只要平等不加区别地看待一切众生，也就是视众生为一体，无二无别，也就不会去做杀生、偷盗等破戒之事，又何须劳神费力地信守戒律呢？戒律可以用来规范和约束人们的行为，是一种他律。假如心平了，清静了，必然严于自律。他律对这种人来说已经成为多余的东西，已经不需要刻意在修禅的程式和守戒的形式主义上花功夫。更重要的是慧能所主张的心戒，认为自净其意是戒律的最高准则，心中有戒是行中有戒的前提。正如“心斋”比“吃斋”更重要一样，“心戒”才是持戒最根本的东西。“平等心”即无分别心，慧能在《机缘品》中说：“平等性智心无病”，“平等性智”是平等对待万事万物，不执着、不起分别之智用。

平等心就是不以职位取人，不以貌取人，尊重人格的平等。身居高位的人，资产富裕的人，或者学问渊博的人，这些人中，有的会居高临下、盛气凌人、财大气粗、趾高气扬，容易出现“我慢”的现象，而不能平等待人，不能礼貌待人，不能给人以人格的尊重。这既是品格的问题，也是修养的问题。《六祖坛经》记载了慧能的不少事迹，充分体现了他的平等心。

慧能到五祖弘忍处求法，五祖弘忍说："汝是岭南人，又是獦獠，若为堪作佛？"当时岭南是南蛮之地，经济文化都比较落后，把岭南人称作獦獠，指未开化或没有文化知识的人，又怎么能够成佛呢？慧能回答说："人虽然有未开化与已开化的南北分别，然而佛性却没有南北之分呀！我的身份与大师您的身份不同，但身上的佛性会有什么差别呢？"可见弘忍还是有分别心，对未开化的岭南人采取轻视甚至漠视的态度。慧能的回答打破了分别心，让五祖弘忍心中一振。

又有一次，弘忍令徒弟写偈，看谁悟性高，而传授衣钵。在听了神秀所作的偈以后，慧能因不识字，请佐使帮助书写。佐使不屑一顾，鄙视地说："您也会作偈子？那真是稀有的事啊！"慧能回答说："欲学无上菩提，不得轻于初学。下下人有上上智，上上人有没意智。若轻人，即有无量无边罪。"意思是说，若想修学敬尊天上菩提觉道，往往会有极高的智慧，不可以轻视初学佛法的人。一个在世俗上被认为是地位极低的人，往往会有极高的智慧，而在世俗上被认为是地位极高之人，也可能一点心智也没有。如果修学学道之人，轻视别人，就会有无量无边的罪过。

平等心，要求没有偏见，不能有轻慢之心，不能把人分成三六九等，采取不同的态度。只有平等心，才能尊重一个人的才干，从而人尽其才；只有平等心，处事才能公平，一碗水端平，公正、公平地待人；只有平等心，才能有宽广的胸怀，接纳不同的意见，从而提高自己的修养。

平等心是尊重他人的人格，尊重他人的劳动，尊重他人的隐私。平等心是注重权利的平等、机会的平等、秩序的平等，这既要有平等的意识，也要有制度的保障。实现真正的平等仍然需要一个漫长的过程。今天，我们只能在相对平等中实现人人平等的目标和价值追求。

（三）正直心

慧能说："行直何用修禅。"意思是说，只要自己心中没有偏见执着、正直纯洁，那也就用不着再去修习坐禅了。

慧能说："一行三昧者，于一切处行住坐卧，常行一直心也。《净名经》云：'直心是道场，直心是净土。'莫心行谄曲，口但说直，口说一行三昧，不行直心。但行直心，于一切法，勿有执著。"意思是说，所谓"一行三昧"就是在任何地方、任何时间，或行或住或坐或卧，都要保持一种正直而真实的心态，不要去作是非对错的区别或判断。《净名经》说：“正直真实的心就是菩提道场，正直真实的心就是亲近的佛土境界。”千万不要心中怀着谄媚的邪念及曲意附和的心态，而口中大讲平等正直，或者口中说“一行三昧”，而心中却不能纯一直心、公平正直，这些都不是佛门的弟子。

慧能认为，修行重在心平行直而不是持戒修禅。“行”的范畴非常广，不仅是指身体上的行动，还包括言语、念头等。佛法认为，行为能公平正直，就是禅。“直”，乃是道德、品行的“直”。直心正念方为真禅者，若能一生行为正直，没有妄念虚伪，才能够说这个人真正领悟了禅意。

正心是做一个正直之人的前提。心是人的灵魂，要正人，则先正心；要正心，需知止，知道敬畏，知道不能做什么，方能兢兢业业、勤勤恳恳，守得住正气。一个人只有心放正了，才会摒弃个人得失，不受利益诱惑，不让感情代替原则，不让公心让路于私情，做到思想上坦荡，行为上磊落，守得住清贫，耐得住寂寞，挡得住诱惑，经得住考验。

正心要有正见。正见决定了一个人的方向，假如一个人受到了邪见的支配，必然会走上邪路。慧能在《六祖坛经·付嘱品》中说："邪迷之时魔在舍，正见之时佛在堂。正见自除三毒心，魔变成佛真无假。"意思是说，心中充满邪念迷惑，你的心就是魔的房舍；心中生起般若正见，你的心就是佛的住所。一个人千万要防止有偏见，一旦有了偏见，就不能客观、公正、平等地待人。而在学习和研究上，如果没有正见，必然会钻牛角尖，走进死胡同。

有了正见还要有正念。"一念天堂，一念地狱"，一念之间往往决定了善与恶。一邪念往往铸成"千古恨"。明朝浮峰普恩禅师有诗云："返本还源便到家，亦无玄妙可称夸；湛然一片真如性，迷失皆因一念差。"人类所有的得失，都是"一念差"，为此，要时刻善护善念，防止恶念、邪念的出现和蔓延。

正心最后要落实在行正上。行正就是要求人在日常生活里端正自己的行为，"有其言，无其行，君子耻之"。要做到"行正"，就要为人处世公正公平，不徇私情、不谋私利，凡事处以公心，严格按规定办事。毛泽东即使身为主席，也对自己立下过不少规矩。他曾为自己立下"亲情三原则"：恋亲不为亲徇私，念旧不为旧谋利，济亲不为亲撑腰。

子文是春秋时期楚国的宰相。有一天，子文的一个亲戚在外面胡作非为，被司法官抓了起来。可是，司法官知道他是当朝宰相子文的亲戚后，吓出一身冷汗，赶紧向其赔礼道歉，并把他释放了。之后，司法官又急忙赶到子文那里汇报，想借机讨好子文。子文不但不高兴，反而十分严肃地责问司法官，并要求其赶紧把人抓回来。司法官一听，忙说："他是宰相大人的亲戚，我哪敢抓呀？"子文生气地说："为什么宰相的亲戚犯了法就不能抓？我们设立司法官，就是要维护国家法律的，你怎么能因为犯人是我的亲戚，就擅自把他放了？"子文见到司法官十分为难，接着说："我身为宰相，应带头守法。平时已经有罪犯对我依法严惩很有意见，但我并没有因此赦免他们。现在，我的亲戚犯了法，我又怎能包庇他呢？你身为司法官却把人放了，这不是要在满朝大臣和全国百姓面前昭示我是个私心极重的人吗？这样的人怎么能治理国家呢？"结果，子文的那个亲戚还是被依法惩处了。

在封建特权社会中“一人得道，鸡犬升天”现象早已司空见惯，但是子文能够坚持原则、秉公办事、大义灭亲，这一正义凛然的行为表现了他不但心正，行也正。

在人的优良品格中，正直之心是难能可贵的。正直的人胸怀坦荡，是非分明，嫉恶如仇，为了伸张正义常常挺身而出。马寅初曾经说过：“言人所言者易，言人之欲言者难，言人之不敢言者就更难。我就是要言人之不欲而不敢言之言。”他正直耿介的品格，让无数后来人引以为楷模。当然，正直也容易招惹是非，遭受打击，甚至酿成杀身之祸。因此，正直的人能够说正直的话是国之大幸，反之，则是国家的悲哀。

（四）孝敬心

慧能说“恩则孝养父母”，这吸收了儒家的孝道观。儒家认为“孝为仁之本”，仁爱、忠心、礼让、诚信等品德都是以孝为源头的。因此，有“百善孝为先”之说。

《孝经》把世间的孝道分为三个层面：“夫孝，始于事亲，中于事君，终于立身。”慧能可以说是有孝行的人，他幼年丧父，家境贫寒，早早承担起家庭的重担，砍柴挣钱，赡养母亲。

当决定去禅寺求法时，“蒙一客取银十两与慧能，令充老母衣粮，教便往黄梅，参礼五祖”。慧能远行求道前先安顿好母亲，使她衣食无忧，符合儒家提出的第一个层面的“始于事亲”。慧能历经十五年的修炼，出来弘法，安抚人心，净化人们的心灵，符合孝道的第二个层面“中于事君”，正如唐中宗下诏所说：“大师为朕修学弘法，是国家的福田，教化众生，是众生顿悟上乘心法，深为敬佩。”慧能一生弘法三十七年，培养顿教弟子四十三人，因听慧能大师开示悟道，超凡入圣的弟子不计其数，这是践行孝道的第三个层面“终于立身”。慧能的一生是践行孝道的写照。

《孝经》认为孝是“天之道，地之理，人之性”，是天经地义的事情。父母是给我们生命的人，是抚养我们长大的人，也是培养我们成才的人。父母对子女的爱和付出是无价的，为此，孝敬父母是天经地义的事。行孝，关键在于有敬爱之心。有人认为使父母衣食无忧便是孝，其实这是最基本的要求。满足父母的物质需要，主要取决于子女的能力，有敬爱之情、有敬爱之心最为重要。但假如没有敬爱之心，是违背了孝的本义的。在《论语》中，孔子的弟子子游曾经问什么是孝？孔子回答：

“今之孝者，是谓能养。至于犬马，皆能有养。不敬，何以别乎?”孔子说，如果仅停留在“养”上，与饲养一只狗、一匹马有何区别？孝应该是发自内心的真挚感情，是一种敬爱的自然流露。为此，《孝经》把孝道的规范概括为五句话：“居则致其敬，养则致其乐，病则致其忧，丧则致其哀，祭则致其严。”今天，时代发展了，行孝的内容和方式也不同了。古代的人，“父母在，不远游，游必有方”。子女可以陪伴父母一生一世，如今，子女外出谋生成为常态，不能亲身陪伴，但可以借助现代的信息工具沟通、问候和关怀。更为重要的是，要让孝的内涵得到丰富和升华，转化对人民的热爱，对事业的进取，对国家的忠诚，变小孝为大孝。

（五）忍让心

忍辱是佛学修炼的一门功课。《佛遗教经》说，“忍之为德，持戒、苦行所不能及”，这就点出了“忍”在成就功德过程中的必要性。佛法认为“忍”是世间的美德，不仅可以平静自己的内心，不会轻易被动摇，“以能忍之心对治所忍之境，就能防止一切障碍恶业发生”。“忍”还可以消除人与人之间的怨恨敌意，像是春风拂过冰封的江水般，消融人与人之间暗结的怨恨。如果世人都以佛祖为楷模，心中多忍让，心中多谦和，将心比心，推己及人，那么这个世界就会一团和乐，这或许才是佛教“忍”与“让”的终极意义。

慧能说：“让则尊卑和睦，忍则众恶无喧。”意思是说，为人如果能谦虚恭敬礼让，那么尊与卑、长官与部属之间，自然能和睦相处。如果具有忍耐的功夫，则一切的恶言、恶语、恶意及无端的毁谤与无理取闹，终究会化为乌有。这里的“让”，就是要求我们有一颗谦让之心，不要过分逐利争斗，彼此之间相互尊敬礼让，这样与上与下都能和睦相处。

忍让体现了一个人强大、豁达的心理品质。人是有思想、有意志的，因此应该具有忍性，能忍会忍，忍常人所不能忍是顽强。忍是心上一把刀，能忍受深深扎在心上的一把刀之痛。对于做大事者来说，忍辱负重是成就事业必须具备的基本素质。孟子说：“天将降大任于斯人也，必先苦其心志，劳其筋骨，饿其体肤，空乏其身，行拂乱其所为，所以动心忍性，曾益其所不能。”能在各种困境中忍受屈辱是一种能力，而能在忍受屈辱中负重拼搏更是一种本事。《尚书》中周成王告诫君臣说：“必有忍，其乃有济；有容，德乃大。”意思是说，必须有忍耐之心，才能办成事情；有宽容之心，道德才能高尚。孔子说："小不忍，则乱大谋。"昔日寒山问拾得曰："世间谤我、欺我、辱我、笑我、轻我、贱我、恶我、骗我，如何处治乎？"拾得云："只是忍他、让他、由他、避他、耐他、敬他，再待几年，你且看他。"

"忍辱"是一种策略，韬光养晦，蓄势待发。韩信"胯下之辱"就是一个例子。秦朝末年，淮阴人韩信年轻时文质彬彬，乡间有一个恶少见韩信软弱可欺，就纠集一帮人围攻他，让他从自己胯下钻过。韩信见寡不敌众，只好忍一时之气，从恶少胯下爬过。韩信权衡利害，正确估计形势，不吃眼前亏，忍受了耻辱，但保全了自己。后来，韩信在楚汉相争中被刘邦拜为大将，立下了赫赫战功，西汉建立后被封为楚王。

"忍让"是宽容谦让，与人为善，化解怨恨。"六尺巷"讲的就是忍让化解了一场纠纷的故事。清代康熙年间礼部尚书张英的家人与邻居吴家在宅基地问题上发生了争执，谁也不肯相让。张家人飞书京城，让张英打招呼"摆平"吴家。张英阅过来信，释然一笑，挥笔成诗："千里修书只为墙，让他三尺又何妨。万里长城今犹在，不见当年秦始皇。"交给来人，命速带回老家。张家收信后惭愧不已，后退三尺打地基，邻居见了也很羞愧，同样后退三尺。于是两家之间就有了一条六尺的巷子，称为“六尺巷”。巷子虽短，留给人们的思索却很长。

“忍让”体现了一个人的胸怀、气量和修身的功夫。但“忍”不是懦弱，不是无条件的退让、无原则的迁就，不是压抑自己，而是进退有度。“忍”是心宽量大，以包容心、同情心、慈悲心，化解一切。心完全地释怀、放下了，才是忍而无忍的“真忍”，当一切怨恨烦恼都烟消云散了，才是轻松自在。唐朝著名宰相娄师德，念好“忍”字诀而成为一代明相。

有一回，娄师德与一位同僚步行前往官衙办事。一开始，体形较胖的娄师德还能跟上这名同僚的步伐，可时间一长，脚步不由得慢了下来。这位同僚不断地催促他，最后见催促不起作用了，就嘟囔着：“咋这么慢，简直就像是个田舍子！”在当时，“田舍子”可是个不折不扣的蔑称。谁知他的这句话恰巧被跟上来的娄师德听了个真切，这名同僚不由得脸红了，可娄师德像是没事儿一般笑言道：“我不是田舍子，谁还是呢？”娄师德听到这一蔑称，不但不生气，反而坦率地承认自己的不足，足见其气量。正是他有容人之雅量，给了对方台阶，才避免了冲突，还收获了弥足珍贵的友情。

忍让也是包容成全。忍让，表现在谦让、礼让。年幼的孔融将大梨辞让给兄长，自己却拿那只最小的，辞让的美德成为千古美谈。这是小让，相信只要有自我控制能力，人人都应该能做到。但是忍让还要有宽广的胸怀。春秋时的齐桓公欲任用鲍叔牙为相，但鲍叔牙坚决辞让，说自己的才能不及管仲，并举荐管仲为相。他的辞让，不仅让管仲施展了才华，也让齐桓公得到良才辅佐，得以逐鹿中原，成就霸业。这是大让，鲍叔牙把万人争夺的职位拱手相让，胸怀是何等宽广！

忍让当然不是无原则的退让，对敌人的忍让往往是对自己的残忍，忍让也有一个“底线”。在关系国家主权与领土完整，关系民族尊严和国家根本利益的问题上，要寸土不让，“犯我中华者，虽远必诛”，对于侵略行为，虽然相距甚远，也要给予坚决的反击。

忍让之心今天仍然很有必要。在人生的不同阶段要“忍受”不同的内容，经受考验。在年轻的时候，要忍得住挫折。少年之时，年轻气盛，但又年少无知。在学业上、爱情上、事业上碰壁、受挫，这是常有之事。有人说："苦难是人生的一笔财富。"这是顺风顺水的人对挫折者的安慰。苦难虽然是人生的一笔财富，但必须像强者一样勇敢地面对，用坚强的意志去忍耐、化解直至奋起。在中年的时候要"忍受住诱惑"。人到中年，也许有了阅历、经验、能力、资历、财力，这个时候面对的诱惑可以说是越来越多。比如功名、金钱、美色、享乐等，这就要忍住自己的欲望，节制贪欲，守住底线，别让诱惑得逞。到老年的时候要忍受住寂寞。当今许多人的晚年，都是"空巢家庭"，因子女远走他乡，晚年的生活冷清、孤独、落寞。许多人希望能享受子孙绕膝的天伦之乐，但往往都是奢望。既然我们不能不寂寞，就不如享受寂寞，寻找自己的爱好，老有所学，老有所用，老有所乐，过好自己的晚年生活。

（六）恒久心

恒久心，体现了一个人坚强的意志和毅力，是事业成功的前提条件。慧能说："若能钻木取火，淤泥定生红莲。""钻木"比喻勤奋不懈地修行；"取火"比喻达到明心见性的目的。意思是说，有钻木取火的意志，勤奋不懈，修习顿教法门，那么一定可以使处于淤泥中的妄心生出像莲花一样纯洁明净的本心来。

恒久之心是细水长流，汇成涓涓大海，是厚积薄发，是力量的积蓄。

三国时期，魏国有个人叫董遇，为人朴实敦厚，从小喜欢学习。兴平年间，关中李傕等人作乱，他与哥哥季中便投奔到段煨将军处。他们经常上山打柴以维持生活，每次董遇都带着书，有空闲就拿出来诵读，哥哥讥笑他，但他照样坚持读书。

董遇坚持学习的精神感染了周围的读书人。有人请董遇讲学，他说："读书一定要先读百遍。"又说："书读百遍，其义自见。"请教的人说："只是苦于没有时间。"董遇说："应当用'三余'时间。"有人问"三余"是什么，董遇说："冬天没农活是一年里的空余时间，夜间不便下地干活是一天里的空余时间，阴雨天无法干活也是一种空余时间。"

董遇对《老子》很有研究，为它作了注释；对《左氏传》也下过功夫，根据研究心得写成了《朱墨别异》。

董遇就是充分利用“三余”时间坚持学习、收获知识，恒心为学因此成为一位智者。

恒久之心表现为坚毅、顽强、耐心。这是做好一件事情的先决条件。奔驰的骏马尽管在开始的时候总是呼啸在前，但在漫漫长路上，最终抵达目的地的，却往往是充满耐心和毅力的骆驼。耐心是一切聪明才智的基础，耐心对人生很重要，我们需要用耐心和毅力去面对无人喝彩，需要用耐心和毅力去面对他人的误解甚至嘲讽。有一个成功的推销员正是靠耐心获得了成功。

有一个销售员是卖别墅的，每年要打 36 000 个电话。打这么多电话，并非每一次都有人接，大致有 28 800 个会接听。这么多人接电话，不是每一个人都愿意听他说下去，大约有 11 500 个人会听他讲。在听他讲的人中间，大多数人是敷衍着，不一定是真正有兴趣，在这里，约有 4 500 个人是真正有兴趣的。尽管有 4 500 个人感兴趣，但大部分人是不愿意付诸行动的。约有 1 700 个人会答应有时间来看看别墅。答应并不等于去做，真正来看别墅的，只有 800 人左右。看完别墅，约有 400 人答应考虑一下。考虑了一段时间，大约有 100

人前往面谈，谈完后，大约有30个人表现出购买意向。难道这就是结果吗？不，最后成交的只有15个人。

这位推销员说："我每年赚到200多万元，这些钱是我坚持的结果。面对大量的失败和拒绝，坚持就是胜利。如果没有坚持的精神，趁早别干销售这行。坚持，不是白白地坚持。难道我打的每一个电话，都没有收益吗？按照每年收入200万元计算，我一年打36 000个陌生电话，相当于平均每次赚了55.55元。"

俗话说，"天下无难事，只怕有心人"。意思是说，只要下定决心，有恒心、有毅力，那么天底下再难的事也会变得容易了。

（七）自省心

自省是一种自知自明，是一种担当，也是一种勇敢。慧能说："改过必生智慧，护短心内非贤。"意思是说，如果能够知错即改，一定会产生般若智慧；而文过饰非，掩饰自己的过错，那么心地一定不好。

自省、内省、内求，是中国传统文化的特殊品性。在儒家经典中，自省、内省、内求不仅是自我道德修养的方法，同时也是齐家治国平天下的基础。孔子说：

“君子求诸己，小人求诸人。”“见贤思齐焉，见不贤而内自省也。”曾子每日“三省吾身”；孟子则曰：“行有不得者，皆反求诸己，其身正，而天下归之。”在道家思想中，对“道”的体会同样来自内心的观察体悟，庄子则提出“心斋”“坐忘”之说。慧能继承和发扬了这一思想。

自省心，是敢于直面自己的过错。慧能在《六祖坛经·般若品》中说：“常自见己过，与道即相当。”意思是说，常常反省自己的过失，你的身心也就与佛道相契合了。爱面子，是人之常情。但在人生的成长过程中，有失误、出差错在所难免，这就要善于总结经验教训，改过修正，不断地完善自己。那么，假如自己有了过错就要勇于承认、担当，闻过即改。勇于自省，首先在于态度，其次在于胸怀，再次在于是否敢于直接面对。孔子的学生曾子主张：“吾日三省吾身：为人谋而不忠乎？与朋友交而不信乎？传不习乎？”意思是说，每天多次反省：为别人出主意做事情，是否尽心竭力了？和朋友交往，是否真诚讲信用？对所学的知识，是否时时实践了？孟子曾经赞许曾子“守约”，即能凡事内心有一种坚持，而不是随着外面的是非跑。在今天，面对社会上出现的种种问题，很多人喜欢用道德的武器去批判别人，似乎自己可以置身事外。问题在于，当你在现场时你会怎么去做？因此，每日反省自己是不可或缺的，只有通过经常反省自己的思想和行为，无情地自我剖析，严格地自我批评，及时地改正自己的过错，才能把过失和错误消灭于萌芽状态，才能总结经验教训，不会在跌倒的地方又摔跤。

我国著名的画家齐白石先生就是一个有自省心的人。

1952年的一天，诗人艾青前来拜访已是88岁高龄的齐白石，艾青还带来了一幅画，请他鉴别真伪，齐白石拿出放大镜，仔细看了看，对艾青说："我用刚创作好的两幅画跟你换这幅，行吗？"

艾青听后，赶紧收起这幅画，笑笑应道："您就是拿20幅，我也不跟您换。"齐白石见换画无望，不禁叹了一口气："我年轻时画画多认真呀，现在退步了。"原来，艾青带来的这幅画正是齐白石数十年前的作品。

艾青走后，齐白石一直愁眉不展。一天夜里，儿子起来上厕所，发现父亲没在房间，正要四处寻找时，却发现书房里的灯是亮着的，走进一看，原来父亲正坐在书桌前，一笔一画地描红。

儿子不解，便问道："您都这么大年纪了，早就盛名于世了，怎么会突然想起来要描红，而且还描这般初级的东西?"

谁知齐白石却摇了摇头，不紧不慢地回答道："现在我的声望高，很多人说我画得好，觉得我随便抹一笔都是好的，我也被这些赞誉弄得有些飘飘然了，无形之中放松了对自己的要求。直到前几天，我看到自己年轻时画的一幅画，才猛然惊醒——我不能再被外界的那些不实之词蒙蔽了，所以还要重新认真练习，要自己管住自己。"

此后，即便是年龄越来越大，但齐白石依然坚持每天画画，从不敢怠惰，甚至有时为了画一幅画，往往要花上好几个月的时间。

勇于检讨、反省，警醒自己不断地努力、创新，也许正是齐白石先生艺术不断进步的动力。

自省心，是勇于忏悔。慧能说："忏者，忏其前愆，从前所有恶业：愚迷骄诳嫉妒等罪，悉皆尽忏，永不复起，是名为忏。悔者，悔其后过。从今以后，所有恶业，愚迷骄诳嫉妒等罪，今已觉悟，悉皆永断，更不复作，是名为悔；故称忏悔。”忏悔就是要我们反省、改过、迁善。

什么叫作“忏”呢？什么叫作“悔”呢？所谓忏，就是坦白地承认以前的一切过失，也就是从前所造成的一切恶业，诸如不认识明了自我本性的愚迷、无知、骄纵诳诞，以及嫉妒等罪过，全部坦白承认，而永远不再生起这些恶念，这就叫作“忏”。所谓“悔”，就是知过能改，改过以后，永不再犯，而且心中警戒着将来可能会犯的罪业。也就是从今以后，对所有的恶业、罪过都了悟明白，将它们铲除斩尽，将来也不再犯，这叫作“悔”。这两项合起来就叫作“忏悔”。

“人非圣贤孰能无过，过而能改，善莫大焉。”忏悔是知错能改的转折点，“忏”就是对以前所犯的错误来一次彻底的反思，寻找其思想根源，明确努力方向加以认真整改。

忏悔是人生向上的转折点。忏悔一如法水，可以洗净我们的罪业；忏悔就像船筏，可以运载我们到解脱的涅槃彼岸；忏悔如药草一般可以医治我们的烦恼百病；忏悔好比明灯，可以照破我们的无明黑暗；忏悔又似城墙，可以摄护我们的身心六根；忏悔有如桥梁，可以引导我们通往成佛之道。在佛教的万千法门中，无论我们修学哪一个法门，都必须以清净无垢的心田去纳受，因此忏悔是必要的修行。

禅师古德诗云："罪性本空由心造，心若灭时罪亦亡；心亡罪灭两俱空，是则名为真忏悔。"

在佛法明里有两种伟大的力量：第一，是自性不作恶；第二，是作恶后能忏悔。

忏悔是认识罪业的良心，是祛恶向善的方法，是净化身心的力量。一个人不怕造业，只怕不忏悔。

不过一般人在平常都不会想到要忏悔，往往是在失败、挫折之后才肯忏悔，比如生病的时候、受苦的时候、受难的时候、年老的时候、无力的时候。知道自己错了才懂得要忏悔，往往悔不当初；甚至身陷牢狱之时才知道自己做错了，更是懊悔已迟。所以，我们忏悔，要在平常的时候，要在我们有办法弥补的时候，要在事情未发生的时候。

三国时期的孙权，之所以能"三分天下"，与他知错能改的品德有很大的关系。

公元233年，割据辽东的公孙渊受魏国威胁，便派使者向孙权称臣。孙权脑子一热，便答应了他派兵的请求。

吴国的大臣们纷纷反对，老臣张昭最为激烈，激动处，就差用手指着皇帝的鼻子尖了。孙权忍无可忍，愤然拔出佩刀，猛地砍在几案上，严厉地说："谁再反对，我就杀了谁！"

面对孙权的咄咄气势，张昭从容地说："我知道我的话不中听，但我是怕有负太后的重托啊！"

孙权给公孙渊加官晋爵，派使者率军一万多人，带着宝物奔赴辽东。不料，反复无常的公孙渊却很快给了他一记响亮的耳光：斩下吴使的首级，送给曹操请赏，然后把来自吴国的万余士兵全都编入了自己的军队。

孙权的愤懑可想而知。一旦冷静下来，他开始后悔没听张昭的劝谏。于是，他赶忙派人去请称病不朝的张昭。没想到，张昭连皇帝的面子也不给，让使者吃了闭门羹。孙权亲自来到张昭的家门前说："张昭不出来，我就不走了。"终于等到张昭开门，孙权亲自把他扶上自己的专车，拉到皇宫请他吃饭。自此，君臣和好如初。

一个人犯错误在所难免，问题在于如何对待。是知错即改，还是知错不改，这正是一个人伟大与卑微的分水岭。

忏悔类似今天共产党员的民主生活会，要作批评和自我批评。真正的忏悔必须触及思想深处，检讨自己的不足和失误，深挖思想根源，明确改正的方向，所以民主生活会是否是真反省、深反省，与其内容有关。

（八）广大心

一个人的心胸有多宽广，其眼光就有多远，其格局就有多大，其征途就有多长。俗话说“心大了，事就小了”。心胸宽广的人，必然能静气凝神，心无旁骛，心中倾注于崇高的使命，眼中专注于远大的目标，无暇顾及细枝末节，不计较个人之得失，任劳任怨，乐于奉献于社会、国家和人民。这也是修心中不能缺少的内容。

慧能在《六祖坛经·般若品》中说：“世界虚空，能含万物色相，日月星宿，山河大地，泉源溪涧，草木丛林，恶人善人，恶法善法，天堂地狱，一切大海，须弥诸山，总在空中。”意思是说，广大无边的世界是虚空的，它能包蕴万物的种种色相，如日月星辰、山河大地、泉源溪涧、草木丛林、恶人善人、恶法善法、天堂地狱、一切大海、所有的须弥山，都毫无例外地存在于漫无边际的虚空之中。

慧能在《六祖坛经·般若品》中说："摩诃是大，心量广大，犹如虚空，无有边畔，亦无方圆大小，亦非青黄赤白，亦无上下长短，亦无嗔无喜，无是无非，无善无恶，无头无尾。"

什么叫作"摩诃"？摩诃就是广大。本心广大，就如同虚空一样漫无边际，没有呈现或方或圆，或大或小的形状，也没有或青或黄、或红或白的颜色，也没有或上或下的方位，也没有或长或短的尺度，也没有或愤怒或欢喜的情感，也没有或是或非，或善或恶的道德标准，也没有或高或低的尊卑区分。慧能在这里指出了本心的广大，在于包容一切，在于超越自我的局限，要做到心量广大，必须去除自我的偏见，去除我执。一个人必须从自我、小我中走出来，达到"无我"的境界，才能心如虚空，广大无边。

又云："自性能含万法是大，万法在诸人性中，若见一切人恶之与善，尽皆不取不舍，亦不染著，心如虚空，名之为大。"意思是说，自性能包容万法，所以称为"大"，万法又都在自性之中，都是无量无边的啊！如果我们见到一切人，不管是善恶，全都不取不舍，也不攀缘染著，心境如同虚空一样能包容万物，就称为“大”。

又云：“心量广大，遍周法界。用即了了分明，应用便知一切。”意思是说，自性本心博大无比，含摄万法，广大无边，而周遍一切法界。

古往今来，许多名人学士都赞美宽容、宽厚、宽恕。我国明代思想家吕坤说：“大其心容天下之物，虚其心受天下之善，平其心论天下之事，潜其心观天下之理，定其心应天下之变。”大其心是虚心、平心、潜心和定心的基础和前提。

广大之心首先是具有宽容的胸怀。宽容通常是指待人有度量，不苛求，它首先表现为对他人过失的一种谅解。

三国时期，袁绍出兵讨伐曹操，曾命陈琳草拟讨曹檄文，陈琳的檄文从曹操的祖父骂起，一直骂到曹操本人，贬斥他是古今第一“贪残虐烈无道之臣”。当时曹操让手下念这篇檄文时正犯头痛病，听到要紧处不禁厉声大叫，惊出一身冷汗头竟然不疼了。可见此文的确戳到了曹操的要害。袁绍灭亡后，陈琳被捕，曹操怜惜他的才华，不仅宽恕了他，还让他为自己做事。陈琳大为感动，从此尽心辅佐曹操。

历史上的曹操是一个多面性的人物，集英雄与奸雄于一身，正是因为他不仅是拥有雄才大略的政治家，且具有超然的胸襟和气度，才能把众多不同类型的人才一步步吸引到自己的身旁，得到贤才的鼎力支持。

养成广大之心要有宽容的气度。从历史上看，凡个性小气者、私欲太高者、志短狂傲者，大多缺乏宽容之心。自然界有一个现象，以石击渊，激起的涟漪是与潭水的深度和广度成反比，潭水越深越广，涟漪就越少。这种现象与人际关系中的度量相仿，心胸狭窄者，必然易躁易怒，一触即发；而大度者，则“大肚能容，容天下难容之事”。

养成广大之心要有宽恕的风范。宽恕就是谅解，设身处地为他人着想。马克·吐温说：“紫罗兰把它的香气留在那踩扁它的脚踝上，这就是宽恕。”

凯尔泰斯·伊姆雷是匈牙利犹太作家，2002 年诺贝尔文学奖获得者。自从获得诺贝尔奖后，前来拜访他的人络绎不绝。有一位来自德国的拜访者前来拜访，凯尔泰斯·伊姆雷的助手知道后，便厉声说：“我们不欢迎你。”闻讯而来的凯尔泰斯·伊姆雷却连忙阻止，和颜悦色地把对方请了进来。来访者走后，助手委屈地问他：“这是为什么？难道他没参加过纳粹党？”“没错，他曾经是纳粹”，凯尔泰斯·伊姆雷平静地说，“但是他早就公开承认了自己当初的过错，进行了彻底的忏悔，并表示以后绝不会再这样做。面对这样的人，我理应宽恕。”

在生活中，某种情况下是可以宽恕的：一是无知的犯错，愚昧和无知会使人丧失正确的判断；二是善意的犯错，这就是好心办坏事，有的时候是出于良好的愿望，但事实的结果则刚好相反。

养成广大之心要有宽厚的美德。人之相交，贵在互谅互让。宽宏大度、虚怀若谷者令人如春风拂面，甘醇怡人；而鸡肠小肚、锱铢必较者，必定难容他人，甚至会上演手足相残的悲剧。

三国时期，诸葛亮去世后，刘禅任用蒋琬主持朝政。蒋琬的下属杨戏是个性格孤僻、不善言辞的人，每次召见他，不管蒋琬说什么，杨戏都不应不答。有一位大臣看不惯，对蒋琬说："杨戏对您如此怠慢，太不像话了！您应该给他点教训。"蒋琬却坦然一笑："每个人都有其脾气和秉性。我清楚杨戏的性格，他不是一个当面赞扬我的人。但如果让他当着众人的面说我的不足，他觉得我会很尴尬，下不了台，所以，只好不作声了。其实，这正是他为人的可贵之处啊。"

宽厚是心地善良，处处为他人着想。宽厚的人，与人为善，不会害人，更不会落井下石。

养成广大之心要有宽广的心胸。宽心是人生延年之道。宽心是心理养生的调节阀。人在社会交往中，吃亏、被误解、受委屈的事总是不可避免的。一个人如果不宽心，烦恼就会缠身，其心里也往往处于紧张状态，从而导致神经兴奋，血管收缩，血压升高，给身心健康带来不利。许多长寿老人的养生之道就是宽心。有一首流传很广的《宽心谣》：

日出东海落西山，愁也一天，喜也一天；

遇事不钻牛角尖，身也舒坦，心也舒坦；

每月领取养老钱，多也喜欢，少也喜欢；
少荤多素日三餐，粗也香甜，细也香甜；
新旧衣服不挑拣，好也御寒，赖也御寒；
常与知己聊聊天，古也谈谈，今也谈谈；
内孙外孙同样看，儿也心欢，女也心欢；
全家老少互慰勉，贫也相安，富也相安；
早晚操劳勤锻炼，忙也乐观，闲也乐观；
心宽体健养天年，不是神仙，胜似神仙。

这首歌谣在老年人当中广泛流传，从吃、穿、待人接物等方面劝慰世人要拥有一种乐观的心态。宽心带来了舒心，也带来了健康，开拓了人生的坦途。

一个人心量有多大，事业就有多大；一个人心能容多少，成就就有多少。对于心胸开阔的人来说，山河大地，一切都是可供享用的资源。同时，他更能装天下难装之事，容天下难容之人，成就毕生伟业。

慧能在《六祖坛经》中指出，在修好善心的同时，要力戒“十恶之心”。“十恶”指与“善”相对的言行，包括杀生、偷盗、邪淫、妄言、两舌、恶口、绮语、贪欲、嗔恚、邪见。

慧能在《六祖坛经·忏悔品》中说："邪来正度，迷来悟度，愚来智度，恶来善度，如是度者，名为真度。"为此，要除却自性中的不善心。又说："不断十恶之心，何佛即来迎请？"那么，什么是十恶之心呢？《六祖坛经》有两处作了论述：

第一处在《六祖坛经·忏悔品》中说："自心皈依自性，是皈依真佛。自皈依者，除却自性中不善心、嫉妒心、谄曲心、吾我心、诳妄心、轻人心、慢他心、邪见心、贡高心及一切时中不善之行，常自见己过，不说他人好恶，是自皈依。"意思是说，自己的心皈依自己本来的本性，这就是皈依真正的佛。所谓皈依自己本性的人，也就是除去自己心中的不善良之心，嫉妒之心，阿谀逢迎、谄媚恶曲之心，唯我独尊的自私之心，狂妄骄横之心，轻视他人之心，高傲之心，邪知邪见之心，贡高我慢、固执偏见之心，以及消除在任何时候出现的不良行为。

第二处在《忏悔品》中说："善知识！大家岂不道，众生无边誓愿度？恁么道，且不是慧能度。善知识！心中众生，所谓邪迷心、诳妄心、不善心、嫉妒心、恶毒心，如是等心，尽是众生，各须自性自度，是名真度。"

意思是说，心中众生，就是所谓的邪迷心、诳妄心、不善心、嫉妒心、恶毒心，此等种种不善的心，都是心中的众生，大家应该自性自度，这才叫作真度。

综上所述，十恶之心分别是：邪迷心、诳妄心、嫉妒心、恶毒心、谄曲心、自私心、骄傲心、偏执心、不善心、高傲心。

第四讲　修心的法门：定慧一体

佛学认为“贪心、嗔心、痴心”是产生恶行的根源，故统称为“三毒”，如何消除“三毒”呢？对应的治疗办法是“戒、定、慧”。“戒、定、慧”是佛教教义，是学佛者必须修持的三种学业，即称“三学”。“以戒而定，因定成慧”，即“非戒无以生定，非定无以生慧”。慧能在《六祖坛经》中，突出地阐述了什么是禅定，定与慧之间的关系以及如何修定、修慧，即修炼一个人的心境和心智，他的一些观点，既有对佛学经典的继承，又有其独特的创造。

一、“禅定”是修炼“三学”中的关键环节

戒、定、慧在佛学中称为“三学”。“戒”的梵文为“清凉”，其目的为“止过防非”，是用于规范佛徒行为和僧侣生活、带有强制性的准则。由于为恶能令身心热恼，戒能安适，恶能招恶趋热，戒能招善趋源，故称“清凉”。佛学的“戒”，要我们时刻警戒贪、嗔、痴，从而产生定和慧。“戒为无上菩提本”，佛法的修学首重在清净戒律的持守，而此关乎一个人的道德行为，防非止恶，守好不杀、不偷、不淫、不妄等行为准则，积极地培养慈悲、无欲、诚实、明觉等美德。而这些戒律的

道德规范为佛法所共通，守护自己心念，以维系清净的修行生活。因此，时时守护有漏之心，精进而不放逸。戒，用于降伏贪爱心，能防止身、口、意三种不净之业。

戒是心的守护。戒最重要的是“心戒”。我们的肉身如同一座城，眼、耳、鼻、舌等感官好比是城门，而“意”好比城中的奸细。修道如同士兵守护一座城池，日夜防范美色、美声、香味、美味、舒适柔软的感觉等盗贼从眼、耳、鼻、舌、身五门乘虚而入，更要防范城内分别、执着的“意”，以保护城中之王——“心”的安全。这时，“心”是身之帅，帅有定力、主见，不为外界的诱惑所左右，就能战胜邪见。所以，胜人在于心，胜己更要有一颗宁静而强大的心。宋代性空妙普诗云：“学道犹如守禁城，昼防六贼夜惺惺；将军主帅能行令，不用干戈定太平。”

所谓“定”，又称作“三昧”，息虑净缘，它能降伏嗔恚之心，又称禅定，指修行者集中思虑，万念俱收归一心，制心于一处，观悟佛理，灭除烦恼。“定”是指“心一境性”。“善心往一处不动”，凝住一境而不散乱。“定”有两种：一种是与生俱来的散定，又名“生定”，指欲界有情与心相应而起，专注于所对之境的心理作用，注意力能够集中，这是人天生就有的；当然，也有少数人缺乏“生定”，如多动症，这属于心理疾病的一种。另一种为后天修得的禅定，这是以佛教智慧勤修以后才能得到的心理功能，是处于无念无欲的境界，达到内心的绝对安静。有些高僧大德经过修炼，往往能够达到心静如水的状态，也即入定。《六祖坛经》不但强调对“心”的守护，也强调对“心”的训练，以达专一纯净、成就禅定。佛教的《阿含经》中说“若善心得一者，是谓定也”，认为在六根触对六尘时，不被外境所牵系，不令心生欲念爱想，相对地要常保正念正知，才能“正心解脱”。

所谓“慧”，是指由修习佛性所引生的辨别现象，判定是非善恶以达到解脱认识能力和境界。佛学认为“慧”是“真心体明，自性无暗”，即了悟诸法真相，分辨事理，决断疑念。慧能在《六祖坛经》中指出，应当用大智慧作为到达彼岸的般若法门，明心见性，见性成佛，打破色、受、想、行、识五蕴及一切的烦恼、尘劳，依据这种佛法修行，一定能够成就佛道。

那么，如何获得“慧”呢？大致有三种途径：一是“闻慧”，即由闻法而来之慧，也就是我们常常从书本与经典中得来的智慧；二是“思慧”，即通过思考而来之慧，通过自己的观察、感悟得来的智慧；三是“修慧”，即通过修行得来之慧，也就是自己在实践中获得的真理。闻慧、思慧、修慧合称“三慧”。除此之外还有“生慧”，即与生俱来之慧，由于人的天赋不同，智慧还是有差别的。上述四者合称“四慧”。

慧是戒、定要达到的目标，其核心在于达到，智慧表现形式在于内心对一切都不过于执着，而使智慧处于自然涌流的状态。在现实生活中，人的思想往往受思维定式的影响，而束缚了思想的深度和广度。正是因为“心”受到“受”“想”“行”“识”等的影响，而不能真正地认识事物的本质、规律。因此，慧能不重分析式的理解，而更强调直观、直觉的灵感和体悟，从而使思维获得突破。这就是我们常说的“灵感”的产生。

慧也是本心的明彻。慧能在《六祖坛经·般若品》中说：“智慧观照，内外明彻。识自本心。”意思是说，用自我固有的般若智慧来观照一切，则心内心外都是清澈明亮的，能识见自我本心。

佛学认为人们的心灵修炼是依照戒、定、慧的顺序进行的，是进阶式的，因戒而定，因定生慧。慧能既肯定了三者之间的关系，又认为三者是“三位一体”的，定慧为本，即以定和慧为根本为基础。

慧能大师在阐述修心“三学”时，强调的是“禅定”。在《六祖坛经·坐禅品》中说，“若修不动者，但见一切人时，不见人之是非、善恶、过患，即是自性不动”。“若著心著净，即障道也。”意思是说，如果要修行真正的“不动”，应从心上去修，也就是这种不动，不见一切人的是非、善恶、得失。如果能够真修这种“不动”行，那才是真正的自性如如不动。把“坐禅”说成是观想心和观思净，岂不知这正是妨碍修道的原因啊。慧能在这里强调的“定”就是“不动”，即意识处于静止的状态，如果刻意地去观思，则不可能进入“禅定”的状态。有许多人在修炼“静坐”时，采取了调气、调息的办法，是试图达到调心的目的。

那么，什么是“坐禅”呢？慧能做出了回答。“此法门中，无障无碍，外于一切善恶境界，心念不起，名为坐；内见性不动，名为禅。”坐禅，往往认为要结跏趺坐，佛教认为结跏趺坐可以减少妄念，集中意念、思想。而在慧能看来，所谓“著心”“著净”“坐着不动”“打坐入定”“万物不思”等都是细枝末节。他说，在禅学的顿教法门中，一切都应该是无障无碍的、自由自在的。

对于一切外在的尘世的事物，如善恶等相对界的一切境界相状，都不会产生妄念称为“坐”，在内能够见到如如不动的自我本性称为“禅”。

慧能对什么是“禅定”做了阐述：“何名禅定？外离相为禅，内不乱为定。外若着相，内心即乱；外若离相，心即不乱。本性自净自定，只为见境思境即乱。若见诸境心不乱者，是真定也。”意思是说，什么叫禅定呢？对外而言，面对一切的境相，而又远离这一切尘世的诸般形相的干扰叫作“禅”；就内心而言，能够保持平静而不散乱叫作“定”。如果对外界的一切事物和现象都不执着而不受其干扰，其内在的心性也自然地宁静不乱；如果在外执着于尘世的诸种形相，在内心必然紊乱而平静不下来。人的心性本来就是清静而宁静的，只因为追求尘世的万事万物使内心散乱而失去平静；如果能够面对一切境界，而又能保持自心不为其扰乱，始终如如不动，这样才是真定啊！慧能在这里强调真正的“定”，是内、外的平静，心境不为外来的东西所影响，保持宁静的状态。世人要做到“真定”，其实不容易。由于受世俗的影响，人心往往会受到来自功名、利禄、情感等方面的困扰，而“心潮起伏”，难以平静。假如我们不从内心去除过多的欲望，以为通过“打坐”就能达到“禅定”的状态，其实是做不到的。

戒、定、慧“三学”，是佛教的实践纲领。学佛首要“勤修戒定慧，熄灭贪嗔痴”。

戒学可以对治贪欲，定学可以对治嗔恚，慧学可以对治愚痴；戒、定、慧三无漏学是佛法的根本。因此，说起佛教，所谓三藏十二部经典，汗牛充栋，但是归纳起来，总不出戒、定、慧“三学”。

其实，戒、定、慧三者彼此互有关联：由戒生定，由定发慧，由慧进入解脱。慧是定的用，定是慧的体，戒、定、慧是学佛不可缺少的资粮。说到“戒”，在大恶病中，戒是良药；在大恐怖中，戒可以作为我们的守护。说到“定”，在动乱当中，定是我们安定的力量；在危难当中，定可以给我们安稳。说到“慧”，在迷惘的时候，慧是我们的明灯；在愚昧的时候，慧可以作为我们的指引。因此，戒、定、慧可以使我们身心健康，可以保护我们。我们的身心都需要戒、定、慧，纵然是出世的生活，也不离戒、定、慧“三学”。

佛学认为戒、定、慧是解脱之法。正如道安法师所说：“世尊立教，法有三焉：一者戒律也，二者禅定也，三者智慧也。斯三者入道之门户，泥洹之要关也。”对于学习修禅的人来说，依戒、定、慧的先后顺序进行修行，是有必要的。

二、定慧是一体的两面

慧能对定与慧之间的关系有独到的见解，认为定与慧是一体的。他在《六祖坛经·定慧品》中说：“我此法门，以定慧为本，大众勿迷言定慧别。定慧一体，不是二。定是慧体，慧是定用，即慧之时定在慧，即定之时慧在定。若识此义，即是定慧等学。诸学道人，莫言：‘先定发慧，先慧发定，各别。’作此见者，法有二相。”

慧能在这里说，我所宣讲的顿教法门是以定慧作为根本的。大家不要被那种主张定和慧有区别的说教所迷惑。定和慧本是一体的，相成互用，不即不离。定是慧的内在本体，慧是定之体所发挥的无量无边之妙用。当慧发挥无量无边之妙用时，定之体就在慧中；反过来，在排除杂念，息虑静心之时，慧也就在定之中。倘若明白了这个道理，并依此修行，定慧就是一体无差别的意义。慧能批评了把定和慧区别对待的观点。传统佛教主张“因定发慧”，认为在精神专注的心理状态下，能够加深对佛教义理的认知，产生“智慧”。慧能认为把定与慧作为两个阶段，不论是认为先有定后有慧，或者先有慧后有定的看法，都是不正确的。只要把定慧做了分别，定慧就名存实亡了。假如偏“定”，而没有“慧”的相济相成，则定为“死水枯木”之定。如果修慧，缺乏定的相济相成，则是“走火入魔”之狂慧。

如何理解“定慧一体”的思想，慧能用了一个生动、通俗的比喻。他说：“定慧犹如何等？犹如灯光，有灯即光，无灯即暗，灯是光之体，光是灯之用，名虽有二，体本同一。此定慧法，亦复如是。”慧能说，定和慧之间的关系好比什么呢？这就好比灯和光。有灯也就有了光，没有灯就没有照耀黑暗的光，灯是光的本体，光是灯所发挥的作用。灯和光虽然是两种名称，但本体完全是一个。我所讲的定和慧的理论也是如此啊！定和慧是两种名称，但其体是一而非二。

慧能认为修心要“定慧同修”，他在《六祖坛经·机缘品》中说：“即心名慧，即佛乃定。定慧等持，意中清净。悟此法门，由汝习性。”意思是说，本体之心能够起万法妙用，故称为慧；然而佛体本自不生不灭，如如不动，故而称为定。定慧原来一体，定中有慧，慧中有定，能够同时修持，则定慧一如，则心念自然就清净纯洁无染了。

三、“禅定”的修炼之要

那么如何修炼“戒、定、慧”呢？慧能在《六祖坛经·忏悔品》中作了具体的阐述。

师曰：“一戒香，即自心中无非、无恶、无嫉妒、无贪嗔、无劫害，名戒香。二定香，即睹诸善恶境相，自心不乱，名定香。三慧香，自心无碍，常以智慧观照自性，不造诸恶。虽修众善，心不执著，敬上念下，矜恤孤贫，名慧香。”

慧能大师说：“第一是戒香，就是自己心中没有过失、罪恶，没有嫉贤妒能的心理，没有悭贪嗔忿的念头，没有劫掠杀害的意图，这就叫作戒香。第二是定香，就是看到一切善恶境相的时候，自心不会散乱，这就叫作定香。第三是慧香，就是自心没有障碍，时常以智能观照自己的真如自性，不造作恶业，虽是修行种种善事，但心中不执着所作的善行。尊敬长上，体念下人，怜悯孤苦，救济贫穷，这就叫作慧香。”

持戒，最主要是警惕来自自我的不良欲望、嗜好和行为。汉字“戒”的甲骨文字形像双手持戈之状，表示警戒之意。《说文·廾部》：“戒，警也。从廾，廾为双手持戈，以戒不虞”，本义为警备、警醒、改掉。“戒”字从“戈”，寓意戒恶，须求诸我，要勇于拿起心中之“戈”，斩草除根，方能成大器。人生戒除陋习要有决心、意志和毅力，才能改掉不良嗜好和习惯。戒烟就是一个典型的例子。现在的烟民越来越多，并且日趋年轻化。大家都知道吸烟的危害，也有不少人曾经想尽各种办法去戒烟，终难成功，而有毅力的人才能戒掉。曾国藩就是一个意志坚定的人。

曾国藩年轻时与平常人无二，徘徊在理智与欲望之间。道光二十二年（1842）十一月十六日，他立下三戒：“戒烟、戒妄语、戒房闼不敬。”同治元年（1862）四月二十四日，曾国藩在安庆军中给儿子的信中提到戒烟，称他“三十岁前，最好吃烟，片刻不离，至道光壬寅十一月二十一日立志戒烟，至今不再吃”。这话表面平淡，但戒烟的过程实则曲折痛苦。曾国藩的父亲曾麟书是个老烟民，“子承父业”的曾国藩十多岁便获得了“烟棍”的称号，起床、饭后必定要抽一顿烟。后来由于烟瘾过重，受到师长训斥，才下定决心戒烟。可是当时毅力不够，不但没戒成，反而愈演愈烈。到了京城后，曾国藩更结交了一些烟友，如陈岱云、梁俪裳等，经常一起吞云吐雾。直到有一天，他早起吃烟之后口苦舌干，甚是痛苦，想起自己已立志做圣人，便发誓从即日起永远禁止吸烟。为了慎重起见，他召集家人，当众将水烟袋捶碎。想不到这次又自食其言，未能坚持多久，仍是重做了瘾君子。就这样一而再，再而三，每次戒烟，曾国藩都感受到了身心煎熬的苦楚。曾国藩在二十九日的日记中叙述了当时的心境：“自戒烟以来，心神彷徨，几乎没有主见，遏制欲望之难，大多如此罢！”尽管心神俱疲，他还是准备抉破釜沉舟之势，将戒烟进行到底！经过一段时间的煎熬，曾国藩戒烟成功，终生不再吸烟。

曾国藩的故事说明，要持戒必须时刻坚持自省、自制、自律，敢于同自己的劣根性做斗争，戒贪欲、物欲、情欲。

其实，儒家也主张有“戒”，孔子在《论语》中说：

“君子有三戒：少之时，血气未定，戒之在色；及其壮也，血气方刚，戒之在斗；及其老也，血气既衰，戒之在得。”

今天，在现实生活中，持戒，主要表现在遵守法律、道德规范，遵循客观规律，特别是要遵守法律的“底线”，不要触“高压线”，这就像行车一样，绿灯行红灯停。小智者治事，大智者治人，睿智者治法。

禅定关键在于“制心”。修心，要“制心”，通过“守一”的方法制服内心的散乱，这就是“守心”，然后获得“静心”。但许多人在“坐禅”时，往往“著心”，试图守住“六根”，去寻找心，最终还是不得其心。原因很简单，此“心”非灵体之心，是伴随着因缘的变化而变化的，“心”是虚空的，如果“著心”，就变成了“枯坐”。对此，慧能批评说：“若言著心，心元是妄。”慧能认为“守心”是“外于一切善恶境界心念不起，名为坐；内见自性不动，名为禅。”

禅定，就是要有明辨善恶的境界，自心不乱。定就是要我们自己有主心骨，有原则，有立场，有主张，不轻易受世间的五欲六尘所左右。有“禅定”的人，至少应做到：第一，不为境转，就是不能任由境界所转。第二，不为物动，就是不被世间的财富、金钱所动摇。第三，不为情感，就是不被美色、情感所诱惑。第四，不为势吓，就是不惧威武，不受势力胁迫。正如孟子所说："富贵不能淫，贫贱不能移，威武不能屈。"自己有定，就能知所进止；自己有定，就能随遇而安。

在今天的现实生活中，不少人还处于"心神不定"的状况。有的人生没有目标，有的不知道选择什么样的职业，有的遇事没有主见，摇摆不定，更有甚者，经受不住功名、利禄、美色的诱惑，而放弃了初心、理想、原则、道德，更为可悲的是走上了犯罪的道路。可见，"禅定"是多么难能可贵。

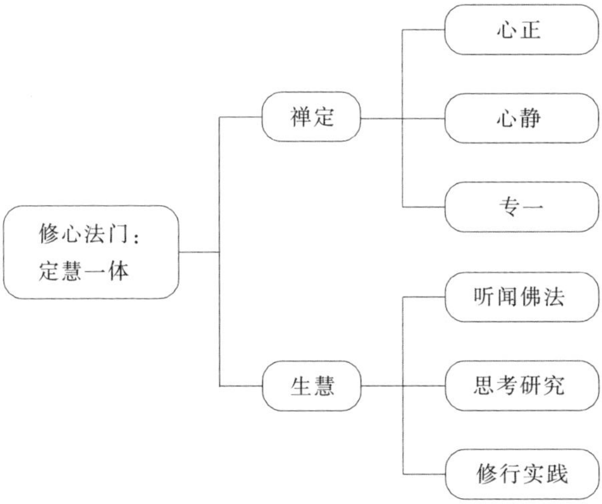

禅定，首先必须心正。心正，神则定。俗话说："平生不做亏心事，半夜不怕鬼敲门。"一个人有浩然正气，整个社会风清气正，则人人安居乐业，天下安定。

有一次，孟子的弟子公孙丑问："请问老师，您的长处是什么?"孟子说："我善于培养我的浩然之气。"公孙丑又问："什么叫浩然之气?"孟子说："这很难描述清楚。如果大致去说的话，首先它充满在天地之间，是一种十分浩大、十分刚强的气。其次，这种气是用正义和道德日积月累形成的，反之，如果没有正义和道德存储其中，它也就消退无力了。这种气，是凝聚了正义和道德，从人的自身中产生出来，是不能靠伪善或是挂上正义和道德的招牌而获取的。"

所谓身正不怕影子斜就是这个道理，心若正，其行必正，人也不会做违反道德的事，也就能在任何情况下都处之泰然。

"禅定"关键在于心静。禅定是修行之人要以安定之心修至清净之心。只有固守正道，心地干净，心境平静，才能不为世俗利害所动，才能有定力、定性。唐朝白居易在《祭李侍郎文》中说："浩浩世途，是非同轨；齿牙相轧，波澜四起。公独何人，心如止水；风雨如晦，鸡鸣不已。”在这熙熙攘攘的尘世，要知耻则止，知足则止，才能达到神定气闲。修禅的最高境界是“风吹云动心不动，见到境界不动心”。心外无物，不为财动，不为名动，不为谤动，不为苦动，不为难动，不为气动。

苏东坡在黄州任职时，和金山寺的和尚佛印相交甚好，他们常在一起修禅论道。一天，苏东坡作了一首诗：“稽首天中天，毫光照大千。八风吹不动，端坐紫金莲。”他甚为得意，派小书童将诗稿送过江去请佛印品鉴。佛印看过之后，提笔在原稿的背面写了几个字，然后请书童带回。苏东坡打开信封，只见背面写了两个字：“放屁！”当下火冒三丈，索性放下手中的事情，与书童一起过江问罪。哪知苏东坡的船刚刚靠岸，却见佛印已在岸边等候多时。苏东坡怒不可遏地说：“和尚，你我相交甚好，为何要这般侮辱我呢？”佛印说：“居士不是自称‘风吹不动’吗，怎么一个‘屁’就过江来了呢？”苏东坡顿时明白了佛印的意思，满脸羞愧。

苏东坡虽对儒、释、道三家的生命哲理有深刻的领悟，但与禅师相比，还欠点火候。人心动则杂念生，杂念生则意散乱。只要我们有一颗平静的心，不颠倒是非梦想，不起憎爱怨亲的念头，就能安稳如山，明净如水，自在如风。

禅定要防止“枯坐”，即“空心静坐”。“静坐”是禅定的一个方法，通常是调心、调身、调息，但并不是一味地“枯坐”。

为了尽快成佛，一休和尚“空心静坐”，对外界的事不闻不问，对身边的任何人和事都毫无兴趣。师父对此很担心，害怕他“走火入魔”，因此带他出寺散心，一直到天黑了才回寺院。

回到寺院，师父先一步走进院内，把一休关在门外。一休只好坐在门外，苦思默想师父的用意。天色越来越暗，山岗、树木、小溪消失在夜幕之中。

这时，寺门打开了，师父问：“你在外看到什么？”

一休回答说：“天黑了，什么也没有。”师父说：“不，外面的清风、树林、野花、小溪都在，一样都不少。”一休终于领悟了师父的苦心。

一休苦修静坐，“著无记空”，身在静坐，心却未空，并未用心去悟。师父点醒他，坐禅不是刻意去追求心完全“空”掉，去追求空无一物的虚无主义，否定客观事物的存在，而是“空”去我们对身外之物、名相等的执着，进而远离空有、断常二边之见，契入中道的实相。

禅定要“专心一境”。禅宗有一公案叫“吃茶去”。这个公案出自唐代赵州从念禅师。有人问他什么是禅？禅师问：“你以前来过吗？”那人回答说：“没有来过。”禅师说：“吃茶去！”过了一会，又有人来向他问禅，禅师又说：“吃茶去！”禅师的回答称为“参话头”，是一种顿悟的方法。有人不明白为什么禅师对前来问禅的都回答“吃茶去”，其实是未能感悟这三个字的深意。

俗话说，开门七件事：柴米油盐酱醋茶。茶是普通百姓日常生活之所需，茶道里又包含着禅道。禅师说“吃茶去”是引导人们从日常生活的琐事入手，学会专注，体会禅味。赵朴初居士对此曾写了一首诗：“七碗受至味，一壶得真趣。空持百千偈，不如吃茶去。”意思是说，豪饮七碗能感受最高滋味，而一壶全饮则能得到茶中的真趣；与其花费大量的时间和精力熟读，持诵千百首高僧的悟道偈语，还不如放下一切，专心领悟眼前茶中之道。人们常说“禅茶”，这是禅在茶中，茶中有禅。在日常生活中，我们假如能专注于当下所做的事，行、住、坐、卧，砍柴运水，睡觉吃茶，心手皆“专心一境”，必定能做到敬业、专业和精业。

禅定要增强自己的定力、抵御外来的各种诱惑。俗话说“近朱者赤，近墨者黑”，环境对人具有潜移默化的影响，孟母为了孟子的健康成长三迁住地。功名、利禄、美色等对人有极大的诱惑。正如人们明知河豚有毒，却经不住河豚鲜美肉香的诱惑，冒死进食，而出现了中毒的现象；美色对男人来说具有极大的诱惑力，俗话说：自古英雄难过美人关。谁能够想到“黄沙百战穿金甲，不破楼兰终不还”的英雄们，过五关，斩六将都不在话下，怎么就过不了美人关呢。从古至今，多少英雄好汉拜倒在美人的石榴裙下。当年周幽王烽火戏诸侯，不过是为了美人褒姒一笑。最后不想却招致祸患，国破家亡。越王勾践用“美人计”，那吴王夫差就被西施迷得神魂颠倒，疏于朝政，最后勾践复仇成功，一雪前耻。人的感官如果受到外界的牵引、左右，跟着感觉走，经受不住美色、美名的诱惑，经受不住金钱的诱惑，就会迷失自性，妄念丛生。所以，慧能说：“迷人于境上有念，念上便起邪见，一切尘劳妄想，从此而生。”明代憨山德清禅师诗云：“染尘容易出尘难，不断尘劳总是闲。情性攀缘空费力，不成道果也徒然。”

“生慧”就是自心修行无碍，常以智能观照自性，不造作诸恶，即使做善事也不执着，敬上念下，爱护鳏寡贫穷者，称为慧香。

其实，学佛的主要目的，就是要转迷为悟，也就是要证悟般若智能。人要想有智能，就必须有三个次第：第一，从听闻佛法而能获得智能；第二，从思考研究而能获得智能；第三，从修行实践而能获得智能。

“生慧”要勤扫心灵的垃圾。人的心灵本来是明净的，但由于世俗的污染，给心灵蒙上了灰尘，只要将灰尘打扫干净，智慧就显现了。扫除心灵的灰尘，必须清除心中的偏执、贪婪、愚痴、狂妄和冷漠，使其纯净。我们只有扫除心灵的垃圾，才能腾出更多的空间，去感受美好的事物，去体验丰富的情感，去享受多姿多彩的生活，人生才会丰盈起来。我们每天都要倒垃圾，有形垃圾容易处理，无形的垃圾最难处理。怨、恨、恼、怒、烦等无形垃圾，对我们的心灵而言才是真正的累赘。只要你每天清扫心灵的垃圾，就能得到幸福和快乐，正如神秀所说："时时勤拂拭，莫使惹尘埃。"

我们每天都要上厕所、洗脸，这是为了身体内外的干净。清洁工每天清扫马路，使街道变得卫生。人的心灵也需要打扫，也需要清扫内心的垃圾。三千多年前，殷商开国君主商汤，曾在洗澡盆边上写了九个字："苟日新，日日新，又日新。"他在洗澡时，外洗身，内洗心，所以身心舒畅。

其实，每一个人都是有慧根的。但在尘世之中，难免受到外界的"污染"，这就要及时加以清理，如果每天不加以清理，就会由点变成面，不断地蔓延，那么心灵就会被"尘埃"遮盖，智慧就无法显露。禅师认为，通过净化自己，把心中的烦恼、苦闷、贪婪、嗔恨加以清理，心灵才会轻盈，智慧才能产生。《六祖坛经》开章明义，人要"总净心念摩诃般若波罗蜜多"，其意思是要人洗涤自己的心灵世界，展现心中的智慧，照亮自己的人生。

生慧要敢于破除邪见，防止钻牛角尖。有六只蜜蜂和六只苍蝇被装进一个玻璃瓶中，瓶子平放，瓶底朝向有光的窗口。蜜蜂不停地往瓶底撞，试图找到出口，直至力竭倒下而死。而苍蝇碰壁之后，穿过一端的瓶颈逃逸一空。

蜜蜂以为，囚禁它们的瓶子的出口是光线最明亮的地方，结果不论如何努力，都是徒劳的。同样，有些修道的人，如同蜜蜂那样，把“空心静坐”、断绝一切念头作为修炼之道，殊不知其思维早已落入空见之中，结果越努力越苦，越苦越坚持，且带有几分悲壮。这说明方向比努力更重要，离开了正确的方向，越努力距离正确的目标就越远，这就是邪见的恶果。

“生慧”要常用智慧观照本心。慧能在《六祖坛经·般若品》中说：“故知本性自有般若之智，自用智慧常观照，不假文字。”不假文字，不是不要文字。慧能自己说他不识文字，其实是要人不要为文字所束缚。他认为自性本心本来就具足般若之智慧，且自性本心能以智慧静观世界而照见事理，不需要借助于文字经书。

第五讲　修心的途径：顿渐同修

修心是修一颗“善心”，到达“觉悟”的彼岸，而要到达彼岸，必须借助于舟楫，慧能大师认为这途径就是：顿渐同修。这个途径既是修心的法门，也是我们学习知识，走向智慧、觉悟的大门。

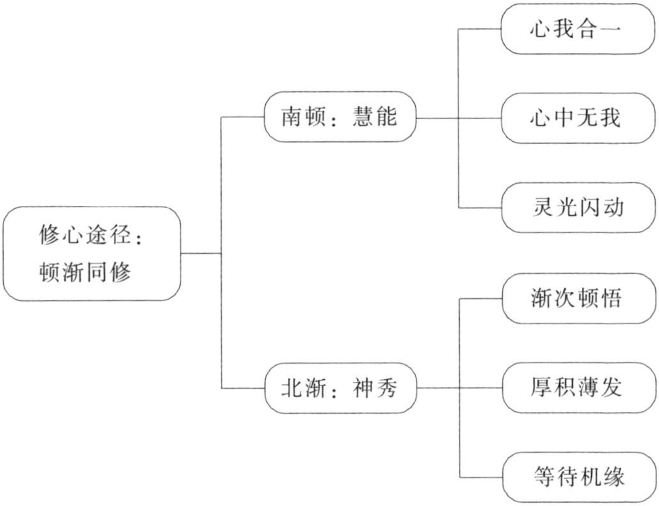

一、禅宗“南顿北渐”两个门派的形成

五祖弘忍有两个优秀的弟子，分别是慧能和神秀。“南顿”的代表是慧能，“北渐”的代表是神秀。由于人的慧根不同，悟性有高低，觉悟也有疾迟。从《六祖坛经》的记载看，当五祖弘忍为传衣钵，命弟子作偈时，

从神秀和慧能两首偈语的对比中，可以看出悟性和境界的高低，神秀所作的偈语曰：

身是菩提树，心如明镜台。

时时勤拂拭，莫使惹尘埃。

意思是说，我的身体就像一棵菩提树，而我的心犹如一面明镜台，我要时时勤加拂拭，才不致让它沾染上尘埃。神秀的这首偈语显然尚未明心见性，仍有“我执”，没有悟到“空虚”，尚有我相在，还有所求。为此，五祖弘忍听到这首偈语后，对神秀说：“你所作的这首偈语，还没有自见本性，觉悟还在门外，未入门内。凭你偈语中的见解，要想得无上的觉悟，肯定是达不到。不过，按此偈修行，可以避免堕入恶道。”

神秀把身化作菩提树，把心化作明镜台，表明他还存在分别心，仍未感悟到佛法的“不二法门”。其次，他仍处于因缘变化而有所持的层次，与毕竟“空无一物”的佛法的层次还有差距，仍然有“我执”。

而慧能所作的偈语曰：

菩提本无树，明镜亦非台。

本来无一物，何处惹尘埃。

“菩提”是指“觉”，指清净圆满之觉性，本是实相无相的，而“菩提树”只不过是假名安立，就菩提觉性本身并无“树”之色相。“明镜”表示吾人之清净之心，这清净本心也是实相无相的，哪有什么“台”呢？而“本”代表实相之体，即本源自性，在本源自性上是清净的，没有尘埃可以污染，又有什么地方会沾上尘埃污垢呢？

慧能的偈语与神秀的偈语针锋相对，神秀仍执着于“净相”，还没有悟透“性空”之理，肯定了“相”之“有”，违背了佛学“一切皆空”的禅理。慧能一偈的核心思想是“空无一物”，他认为现象世界中的万物，皆缘生缘灭，瞬息万变，空无自性，“本来无一物”，哪里能找到尘埃去拭拂呢？慧能的思想直指人心，了悟成佛，更为深刻、彻底。其见解的境界比神秀要高一个层次，弘忍慧眼识才，把衣钵传给了慧能。

对于顿渐法门的高下一时成为南北两大派系争论的焦点，其实关于顿渐禅法孰高孰低是弟子之间的互相攀比、门户之见而已，慧能和神秀并没有否定对方，神秀还派弟子到慧能处“盗法”，慧能也没有排斥渐悟学派，他在《六祖坛经·般若品》中云：“法即无顿渐，迷悟有迟疾。”意思是说，法只有一种，真理只有一个，但是，众生在修行的次第上，有快有慢。因此，佛法本来没有顿渐之别，只是众生的根基有钝有利，所以说“人有南北，法本一宗；人有利钝，法无顿渐”。

慧能在《六祖坛经·疑问品》中说：“人有两种，法无两般；迷悟有殊，见有迟疾。迷人念佛，求生于彼；悟人自净其心。”意思是说，人本有愚智之差别，但佛法并无高下之分。因为愚迷而少智慧的人和大智慧的人根器不同，因此对净土之见也有快慢。愚迷之人一味念佛想求生于西方极乐世界，而觉悟之人则把自己的修行目的放在但求清净本心之上。

慧能在《六祖坛经·定慧品》中又说：“本来正教，无有顿渐，人性自有利钝。迷人渐修，悟人顿契。自识本心，自见本性，即无差别。”意思是说，本来真正的佛教并没有顿悟和渐悟之分，只是人的根性有利和钝之分。愚迷的人要从事渐修的功夫，要循序渐进，慢慢地长期地开导，如果是聪慧、悟性猛利的人就不需要长时间的修行，可以当下顿悟本性，了悟佛法最深奥的道理。不管渐修还是顿契，只要能够认识自己的本心，也就是见到了自身中成佛的心性，最终彻悟自己的本心，对愚笨的人和聪慧的人来说就没有差别了。

老子在《道德经》中说："上士闻道，勤而行之；中士闻道，若存若亡；下士闻道，大笑之。不笑不足以为道。"意思是说，道性深厚的人（上士）闻道后，深信不疑，努力地践行；道性中等的人（中士）闻道后半信半疑，似懂非懂；道性薄弱的人（下士）闻道后却给予嘲笑。

唐代寒山禅师有诗云："上人心猛利，一闻便知妙。中流心清净，审思云甚要。下士钝暗痴，顽皮最难裂。直得血淋头，始知自摧灭。"慧能指出，佛法是对症之法，对症之法也就是最合道的法，没有高下之分。但人在领悟同一法时，则有快有慢，而有顿、渐之说。换言之，顿、渐无关佛法，只关众生的根器高低。事实上，顿、渐并非两个截然不同的法门，顿悟以渐悟为基础，渐悟是积累到一定程度的顿悟。因此，我们赞美顿悟，也要欣赏渐悟，两者都是重要的修心法门。

慧能的"顿门"与神秀的"渐门"，虽然在目标上是一致的，即求法、觉悟，但在方法上有差别：

一是慧能排除知解上的分别，他不喜欢从知识上入门。因此，一般认为慧能本身不识字，其实他是不从分别上入门，他主张“不立文字，彻究心源”，所谓“识自本心，见性成佛”。《六祖坛经·机缘品》记载，刘志略有一位姑姑，出家为比丘尼，法名叫无尽藏，她时常诵念《大涅槃经》。慧能一听她诵读经文，即能知晓经文的深妙义理，于是，就给无尽藏解说义理。无尽藏于是手执经卷逐字请问，慧能说：“我并不识字，你就尽管问义理方面的问题吧！”无尽藏说：“你连经典里的文字都不认识，又怎么能体会到经典的义理呢？”慧能说：“诸佛之上甚深的微妙法理，跟文字不相干呀！”慧能要求我们不要拘泥于文字，不要为文字所束缚，假如读书只懂文字，而不懂得其道理，这就是“死读书”，读书要“入手其内，出乎其外”，既要读进去，又要跳出来，这样才能从知识的层面，上升到智慧的层面，从智性上升为灵性，这是境界上的差别。

二是顿教法门主张“直指人心”，而渐悟主张“从身到心”的修炼，一步步地去开启智慧。慧能强调“即心即佛，即佛即心。心是佛，佛是心，心佛无二”。既然是心佛无二，我们有心，心里有佛，当下即是，何必还要再另外去追寻呢？所以慧能说“平常心是道”，生活即是禅，你在生活里，穿衣、吃饭都有禅。所以，有人问禅师：“你是怎么样参禅的呢？”

他说：“我穿衣、吃饭。”

“哪一个不穿衣、不吃饭啊！”

禅师说：“你吃饭，挑肥拣瘦，吃得不甘味；你睡觉，思来想去，睡得不安心；你穿衣，计较美丑，穿得不欢喜。我们参禅的人，当吃饭就吃饭，当睡觉就睡觉，当穿衣就穿衣，所谓平常心是道。”

三是顿教法门对于师家教育有特殊的方便。例如，有时候说：“你缘不在此，你到别处去参访。”有时候，十年、八年不和你讲一句话；有时候，十年、二十年，只叫你做苦工。这种种特殊手段的应用，其实是用心良苦，无非是要让你悟道。

总之，南宗的顿有别于北宗的渐。所谓顿悟，就是灵光一闪，是刹那间觉悟，这里面没有时间，没有过程，是当下的，是即时的、迅速的、直接的，好像石火电光，就是那么一刻，一下就悟了。

所谓渐悟，是有次序性的，有连续性的，渐次证悟真理，与顿悟相对。

二、修心要顿渐同修

南宗主张“直指人心，顿悟成佛”的顿悟教说；北宗则重视“息妄修心”，强调“渐修渐悟”。顿渐并不是互相排斥的。慧能的修行其实也经历了漫长的渐修过程，从初闻《金刚经》到弘忍大师宣讲《金刚经》，这是一个学习积累、思考感悟的过程。特别是“怀会止藏”的十五年，既是在等待时机，也是在修炼自己的心性。慧能的顿悟法门只不过是让人少走弯路。慧能认为即使缺少智慧的小根性的人，也可以领悟顿悟的法门，只要心中不执着于身外的修行，而在心中恒生起般若正见观照一切，所有的烦恼尘劳，恒常不能污染其心，便能明心见性。慧能的顿教法门打破了小根性的人与大根性的人相区别的界限，这就增加了普罗大众觉悟的自信心。

实际上，修行本来没有顿渐，学佛要想一下子就一步登天，那是不可能的，凡事都要一步一步来，所谓“万丈高楼平地起”。因此，一般来说，理上有顿悟，事上要渐修。所以，过去的禅师有很多人都是先悟后修，即先觉悟，悟了以后再修道，修道以后再慢慢体证。因此，顿渐应该要相互包容，不管是顿门或是渐门，应该“方便有多门，归元无二路”。

其实，顿渐是相互联系的，是共存共荣的。过去禅门的顿渐纷争，并不是慧能大师和神秀大师的纷争，慧能大师对神秀大师十分尊敬；神秀大师也敬佩慧能的顿教法门。

神秀大师告诉徒众说：“慧能大师是得到吾师之智，深悟上乘，吾不如也。且吾师五祖亲付衣法，岂徒然哉！吾恨不能亲自去亲近，虚受国恩。汝等诸人毋滞于此，可往曹溪参诀，他日回复，还为吾说。”由此可见，神秀大师虚怀若谷，他对慧能大师的禅法更是肯定、推崇；而慧能大师对于神秀大师也是十分尊崇。例如，神秀大师曾派弟子志诚听慧能讲法，慧能对神秀的弟子志诚说：“汝师戒定慧，接大乘人；吾戒定慧，接最上乘人。悟解不同，见有迟疾。”其实，悟道都是一样。慧能大师也是如此地推崇神秀大师。

因此，我们不要把顿、渐截然分开，要“行解并重，顿渐一如”。我们在修心的途径上，要顿渐同修。每一个人的天性慧根是有差别的，即根器各异，人的觉悟也有快慢之别。因此，悟有两种基本的途径，一种叫“渐悟”，这是指对佛性“十住”境界的领悟，是一点一点、一级一级渐进式的，这有如爬楼梯，一步一个脚印，慢慢地爬上去。这种悟虽然慢一点，但扎实，是厚积薄发，积累到一定的阶段，时机成熟就觉悟了。“顿悟”则是灵感在创造性思维上的凸显，是从潜意识中突然爆发出来的思维飞跃。“渐悟”就是通过坐禅、诵经来凝心、摄心，离弃世俗的影响和烦恼，认识和保持“心性本净”，以求内心解脱。后世南宗风行天下，习禅者以为禅宗法门不需坐禅，只需于一机一境上骤然悟得，就可以得道了。“顿悟”认为“心就是佛”，人要觉悟佛性，用不着读经礼佛，只要直指人心，明心见性就行了。渐悟、顿悟本来不是两个对立面。没有渐悟的基础，无法获得顿悟。不承认渐悟的顿悟，只能是一种妄悟了。我们要获得豁然贯通的顿悟，必须有日积月累的渐悟。唐代诗人杜甫说得好：“读书破万卷，下笔如有神。”顿悟这种创造性的思维，是“得之在俄顷，积之在平日”。不论渐悟还是顿悟，都追求心净如镜。这也许是禅定的最高境界。

三、顿悟成佛是修心的捷径

慧能创立的顿教法门，直指人心，即禅宗的修行是直接指向你的觉醒的心。它通过一种特定的方法来帮助我们认识佛法的最核心的内容——觉醒的心。从方法、见地上来说，禅宗在修行上给我们提供了一种最高的见解，同时也提供了一种最快速便捷的成佛的方法，是一种创造性的理念，为我们提供了修心的捷径。

觉悟要从心出发。顿悟是一种心灵的修炼，是人的心态、心境的改变。心中觉悟，处处通达；心中无悟，修行无用。

一把坚实的大锁挂在大门上，一根铁棍费了九牛二虎之力，还是无法将它撬开。钥匙来了，它瘦小的身子钻进锁孔，只轻轻一转，大锁就“啪”的一声打开了。铁棍奇怪地问：“为什么我费了那么大的力气也打不开，而你却轻而易举地就把它打开了呢?”钥匙说：“因为我最了解它的心。”人生的领悟也是一样，当打不开心锁时，痛苦无比；而只要心中觉悟，一切迎刃而解。

传说老子骑着青牛过函谷关，在函谷关府衙为府尹留下洋洋五千言《道德经》时，一年逾百岁、鹤发童颜的老翁招招摇摇到府衙找他。老子在府衙前遇见老翁。老翁对老子略略施了个礼说：“听说先生博学多才，老朽愿向您讨教个明白。”

老翁得意地说：“我今年已经一百零六岁了。说实在话，我从年少时直到现在，一直是游手好闲地轻松度日。与我同龄的人都纷纷作古，他们开垦百亩沃田却没有一席之地，修了万里长城而未享辚辚华盖，建了四舍屋宇却落身于荒野郊外的孤坟。而我呢，虽一生不稼不穑，却还吃着五谷；虽没置过片砖只瓦，却仍然居住在避风挡雨的房舍中。先生，是不是我现在可以嘲笑他们忙忙碌碌劳作一生，只是给自己换来一个早逝呢？”老子听了，微然一笑，吩咐府尹说：“请找一块砖头和一块石头来。”

老子将砖头和石头放在老翁面前说：“如果只能择其一，仙翁您是要砖头还是愿取石头？”老翁得意地将砖头取来放在自己的面前说：“我当然择取砖头。”老子抚须笑着问老翁：“为什么呢？”老翁指着石头说：“这石头没棱没角，取它何用？而砖头却用得着呢。”老子又招呼围观的众人问：“大家要石头还是要砖头？”众人都纷纷说要砖而不取石。

老子回过头来问老翁：“是石头寿命长呢，还是砖头寿命长？”老翁说：“当然是石头。”老子释然而笑说：

“石头寿命长，人们却不择它；砖头寿命短，人们却择它，不过是有用和没用罢了。天地万物莫不如此。寿虽短，于人于天有益，天人皆择之，皆念之，短亦是长；寿虽长，于人于天无用，天人皆摒弃，倏忽忘之，长亦是短啊。”

老翁顿然大惭。

于生活中，于细末里，道家老子也是如此谦逊和善，“致虚极，守静笃”，处处平凡，处处不凡，处处宁静，处处开花。与自然不分，自然亦与我同为一体，悟道成圣。

培根年轻时醉心于权力，千方百计往上爬。为了升官，他把所著的书赠送给当时的新国王，并不惜巴结讨好，以求一官半职。经过努力，他终于获得检察长这一显赫的职位。但不久，他就成为官场倾轧的牺牲品，他深深地懊悔，懊悔自己为权力浪费了那么多大好的青春。痛定思痛，躬心自问，自己心中要的是什么，他终于远离了官场，一心转向原本就喜欢的哲学，真正开始了一生中最有价值的生命历程，并最终成为大名鼎鼎的思想家。

悟要心我合一。汉字“悟”从吾，意为我用吾心，内心静省。悟是“我”的感悟，“我”的醒悟。“悟”强调我心而悟，意在明心见性，发现自我。用心去体察，省悟自身。古代禅师认为生的最高境界是体认自性，超越生死。古人称精通行军作战为“智”，称清心净虑、自然率性为“禅”。心和我犹如镜子的两面，心我合一才是悟，发现本心才是悟。

人之所以有无穷的烦恼，是因为找不到心灵中的自己。东晋末年的大文学家陶渊明耻于同流合污，不愿为五斗米折腰，愤然辞官归田，写下了著名的《归去来兮辞》。文中写道：“悟已往之不谏，知来者之可追。”意思是说，悟到过去出仕做官的错误已不能改正，但现在辞官而归还不算晚。陶渊明发现自己的本性，做官并不能让他快乐。因此，辞官从文，这就是一种醒悟。

有一年春天，王阳明和他的朋友到山间游玩。朋友指着岩石间一朵花对王阳明说：“你经常说，心外无理，心外无物。天下一切物都在你心中，受你心的控制。你看这朵花，在山间自开自落，你的心能控制它吗？难道你的心让它开，它才开的；你的心让它落，它才落的？”

王阳明的回答很耐人寻味："你未看此花时，此花与汝心同归于寂；你来看此花时，则此花颜色一时明白起来；便知此花不在你的心外。"

纵观古今，悟之于人的成长，在人的价值的自我实现方面都起着举足轻重的作用。神秘仿佛是悟的外衣，从不断的感悟中，从一个过程走向另外一个过程。正如王阳明心学所指：你所见、所闻、所感、所想，你脑子里的全部，就构成了你的全部世界。

觉悟要心中无我。"我执"是迷惑的最大障碍。宇宙万物都是无中生有，无（悟）是有（悟）的根。这说明，心中无我才能悟。大千世界，名来利往，无数烦扰，大都来自"我"的得失荣辱。抛开它，做到心中无我，才是大智慧、大境界。

辛亥革命时，黄兴与孙中山并称"孙黄"，这缘于他在革命历程中从来都是身先士卒、精诚实干。虽然声望与孙中山齐肩，高山仰止，本可以做党魁、开国大总统，但黄兴总是甘作配角，也不要勋章，这正是"无我”精神的写照。他一心只为革命成功操劳，从不参与名利之斗争，曾数次力排众议，始终推举孙中山为领袖，自己甘居次席。他留给后代的几乎没有任何物质财产，唯有“无我、笃实”的精神一直传承。

1904 年，黄兴与宋教仁、陈天华等在长沙成立华兴会。1905 年 7 月之前，黄兴与孙中山并无任何交往。据章士钊的文章记载，二人在日本第一次见面时，黄兴就无与孙中山争领袖之意，更无独树一帜的打算，而是愿意与孙倾力合作。两人见面之后二十多天，同盟会即宣告成立。黄力民告诉记者，当时华兴会的代表有 70 余人，而孙中山的兴中会代表只有 10 余人，如果进行投票，黄兴当选为同盟会领袖的机会非常大。但在成立会议上，黄兴提议“公推孙中山先生为本会总理，不必经选举手续”，孙中山得以顺利就任总理；而黄兴任庶务（助理）。

后来，同盟会内部出现过两次反对孙中山的事件，有人建议黄兴取代孙中山的领导职位，都被其严词拒绝。他铭记太平天国失败的教训，为了避免任何内部争斗，保持革命力量的团结，极力维护孙的地位。黄兴在给革命党人的书信中说："革命为党众生死问题，而非个人名位问题，孙总理德高望重，诸君如求革命得有成功，乞勿误会，而倾心拥护，且免陷兴于不义。"

诚如黄兴所言，"功不必自我成，功不必自我立，其次亦功成而不居"。黄兴是豪杰，是英雄，更是有中国文化根底的读书人。虽然天妒英才，42 岁就英年早逝，但"无我、笃实"的精神，为后世所铭记。

神秀以渐悟立宗，在北方提倡勤修苦学的学风，使北方的佛学朴实精进。慧能在南方以顿悟开山，明心见性，直指人心，使禅宗意旨玄妙。

第六讲　修心的境界：中道

慧能禅宗的本质是修慧，其最高的境界是养成科学的、智慧的思维方式，这个思维方式可概括为两个字：即“中道”。“中道”就是超越了两端，依据清净的本心，不为两端所左右；“中道”就是融合，在对立中谋求统一；“中道”也是适度，实现最佳的状态。“中道”的思想与儒家的“中庸”、道家的“冲和”是一致的。“中道”既是一种思维方法，又是一种思想境界。

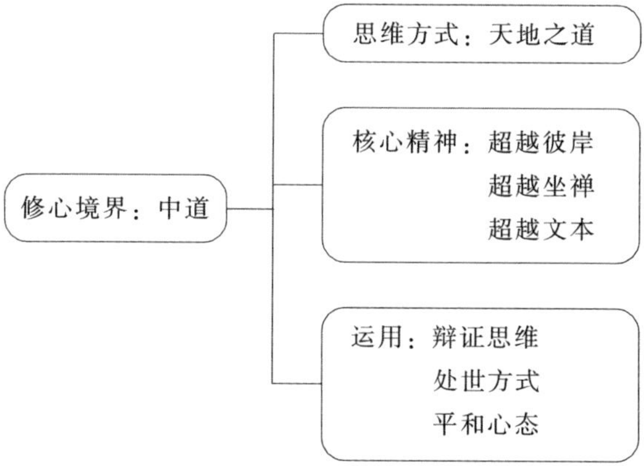

一、“中道”是天地之道，也是佛性的本质

慧能认为佛性真谛超越万法，非常非无常、非善非不善，即佛性是不二的。他在《六祖坛经·行由品》中说：“佛法是不二之法。”印宗法师问：“如何是佛法不

二之法?”慧能回答说：“法师讲《涅槃经》，明佛性是佛法不二之法。如高贵德王菩萨白佛言：‘犯四重禁，作五逆罪，及一阐提等，当断善根佛性否？佛言：‘善根有二，一者常，二者无常。’佛性非常非无常，是故不断，名为不二；一者善，二者不善，佛性非善非不善，是名不二。蕴之与界，凡夫见二，智者了达，其性无二。无二之性，即是佛性。’”慧能的这段话是“中道”思想的阐述。慧能说：“法师您宣讲《涅槃经》，应该知道佛的本性就是佛法的不二之法。譬如高贵德王菩萨请问佛：有些人犯了杀生、盗窃、邪淫、撒谎的四重禁，犯了杀父、杀母、杀害沙罗汉，分裂僧团和伤害佛祖身体的五逆罪，还有那些不信佛法，不做任何善事而光做坏事的一阐提等，这些人是否就此断绝了善根佛学呢？佛回答：善根有两种，一种是永恒不变的，也是人人皆有的如来智慧德相；另一种是转瞬即变易的，也就是人世间相。佛的本性既不是永久不变的，又不是转瞬即变的，所以佛性是不断绝的，这就是不二法门。再推而广之，世间有一种善，一种不善，而佛性超越善与不善之范畴，这是不二法门。因为事相固然有别，然而本性并无二致，甚至连五蕴十八界在凡夫俗子眼里是有区别相在，然而解悟佛性之人则能够了达诸法实相，知道它们的本质并无区别。这种没有区别、平等不二的本性，就是佛性。”慧能的这一“中道”思想，来自《易经》的“中和”思想。

《易经》认为“中和”之道是天地之道，也是人之道。《易经》认为“一阴一阳之谓道”“太极生两仪”。阴阳是一个共同体，此消彼长，对立统一于“和”。《周易》中的许多卦辞都是赞美宇宙秩序的和美。《咸卦》彖辞：“天地感而万物化生，圣人感人心而天下和平。”《豫卦》彖曰：“不终日，贞吉，以中正也。”意为不待终日，刚而有度，为中正之象征。

《礼记·中庸》说：“中也者，天下之大本也。和也者，天下之达道也。”“致中和，天地位焉，万物育焉。”意思是说，中是天下的大根本，和是普天下的人应达到的达道。如果奋力而达到中与和的极致境界，天和地便可各居其位，置身其中的万物便可生长繁盛了。“中和”是宇宙的大道，佛法也是如此。佛法不二，就是不要有分别心、不要走极端、不要片面化、不要绝对化，在中和中实现融通、融合和超越。

二、慧能“中道”思想的核心精神是超越

慧能的“中道”思想充满着超越精神，其基础是主体的自觉，其途径是圆融，其结果是世俗化和生活化，从而发展了一门既有宗教色彩而又世俗化的禅学，成为人间“心说”。慧能不承认外在人的人格神、不承认偶像，也不承认拜佛、念经、坐禅等修炼功夫，他相信人依靠自身内在的力量，就可以成佛。人要成佛，要向内下功夫，直指人心，见性成佛。为此，慧能提出了内修的法门：“无念为宗，无相为体，无住为本。”这是内心的超越、瞬间的永恒，瞬间的永恒就是顿悟，就是了却生死，心灵净化，精神升华，圆满功德，进入永恒。这一“中道”的思想是要求人们破除教条主义、经验主义和僵化思想，获得精神的解放和心里的自在。具体来说有如下几个方面的超越：

（一）对彼岸世界的超越

传统的佛学认为学佛的目的就是到达彼岸世界，即所谓西方的净土，这是一个神秘而又美好的来世。慧能则认为极乐世界不在彼岸，而在此岸，不在现实世界之外，就在今生今世之中。慧能说：“佛法在世间，不离世间觉。离世觅菩提，恰如求兔角。”意思是说，觉悟心性

的方法就在世俗生活之中，离开虚幻世界想寻找到觉悟心性的方法是找不到的。离开世间众生另外寻求觉悟成佛之道，如同愚迷之人寻觅兔角似的了无可得。

《六祖坛经·疑问品》中还记载了韦刺史与慧能的对话，韦刺史问如何学佛而到达西方极乐世界。慧能说："迷人念佛，求生于彼，悟人自净其心。所以佛言：'随其心净，即佛土净。'""凡愚不了自性，不识身中净土，愿东愿西；悟人在处一般。所以佛言：'随所住处恒安乐。'"慧能指出了迷与悟之人的差别，愚迷之人一味念佛求生于西方极乐世界，这是向外求法；而觉悟之人则把自己修行的目的放在但求清净的本心之上。所以佛说："只要随着自心的清净，那么就是佛土的清净。"凡夫愚迷而少智慧，不认识自己的自性本心，不知道净土极乐世界就在自身之中，而是发愿欲往东方极乐世界和西方极乐世界。如果是顿见本性之人，不管是居住东方还是西方净土，在什么地方都一样啊！所以佛说："无论在什么处所，一个觉者永远处于安详和乐的心理态势之中。"慧能把学佛的目标安放在现实的生活中，既要有出世的境界，又要有入世的志向，破除了虚幻感。只要自心清净，处处是极乐世界。有人迷信风水，请风水先生堪舆宅舍，这是向外求法，其实，一个心地善良的人不论居住何处，处处都是好风水。

（二）对坐禅修行的超越

我们知道释迦牟尼佛在菩提树下静坐 49 天终于悟道，达摩在少林寺曾面望禅修行，这说明坐禅是佛教的祖传，也是修行方法之一。佛教徒的修行也都是出家做和尚、尼姑，并设立了许多清规戒律。慧能却提出了人人都有成佛的可能，并认为修行也不必出家。他在《六祖坛经·疑问品》中说："若欲修行，在家亦得，不由在寺。在家能行，如东方人心善；在寺不修，如西方人心恶。但心清净，即是自性西方。"慧能在这里讲了内因和外因的关系，修行关键在于本地清净，如果想修行，不用出家，在家里修行也完全可以。在家如果依法修行，就算是东土之人也能够通善因而得善果；出家在寺庙却不能依法修习佛道，就算是身处西方净土中却心性邪恶仍不能得到解脱。只要自己省悟自身中清净的心性，那么当下就是西方极乐世界。

慧能反对离开修心的"枯坐"，他在《六祖坛经·定慧品》中说："迷人著法相，执一行三昧，直言常坐不动，妄不起心，即是一行三昧。作此解者，即同无情，却是障道因缘。善知识，道须通流，何以却滞，心不住法，道即通流，心若住法，名为自缚。若言常坐不动是，只如舍利弗，宴坐林中，却被维摩诘诃。善知识，又有人教坐，看心观静，不动不起，从此置功。迷人不会，便执成颠。如此者众，如是相教，故知大错。”慧能在这里要求破除法执，指出那些愚昧无知的、没有开悟的人，他们把世间的一切都认为是真实的存在，而执着地追求和贪恋，他们所执持的只是一行三昧的名相，开口便说身体长久静坐不动，排除一切妄想杂念，心中不产生任何心念，认为这就是一行三昧。如果还有这种见解的人，世间的一切都将成为没有情识的土木草石了，反而成为障碍修道的因缘啊！善知识，菩提之道本是通畅流动的，怎么能够滞碍阻塞它呢？自己的心对世间的万事万物都不执着，追求菩提之道自然也就通畅流通了，反之则会被束缚。如果说长久静坐不动，这种方法做功夫，这就如同维摩诘呵斥舍利弗在树林中静默坐禅一样，是不合乎修行之道的。善知识，又有一些人教人静坐，在静坐时守着心、观看静，身体一动不动，心中也不起任何心念，以为如此修行就有功夫了，愚昧不觉悟的人，他们不懂得什么是真正的一行三昧，执着地追求这种错误的静坐方法，并且生出执着之念，坐久了都变成了癫狂之人，像这样的人实在太多了。因此，用这种法门来教导此人，实在是大错特错啊。在现实生活中，慧能指出了这一现象仍然存在，有的人静坐追求达到意识的穿越，并把静坐变成了苦役，甚至处于走火入魔的境地，放弃了工作，放弃了与他人的交往，变成了孤家寡人，这实在是可悲的。

《古尊宿语录》记载，有一天，怀让看见徒弟马祖一整天呆呆地在那里坐禅，于是便见机施教，问道："你整天坐禅，图个什么？"马祖说："我想成佛。"其师怀让于是让他磨砖，马祖不解地问："师父，磨砖做什么啊？"师云："磨作镜。"马祖困惑不解地问："磨砖岂能成镜？"师反问："磨砖岂能成镜，坐禅岂能成佛？"假如把坐禅变成了目的，这就本末倒置了，适当的坐禅是可以的，但如执迷于形相，则是偏离了修禅的本意，慧能强调的是自然而然的生活、明心见性，这才是修行的正确途径。

（三）对佛教经典的超越

佛教经典是具有哲学内涵的宗教经典，众多佛教在中国的传播，主要是依靠传经、取经、译经、讲经而实现，故学习经典在修行中有着重要的位置，慧能既重经典又不重视经典，甚至反对念经，慧能说：“一切经书，因人说有。”经书只是引人入门的工具，而绝不是念经就可以成佛。慧能反对本本主义，反对执着文字，而是要明白义理，后来的禅师反对执着于经典，有的干脆就不让读经，否定了文字经典的作用。《五灯会元》卷九记载沩山灵佑问仰山慧寂：“《涅槃经》四十卷，多少是佛说，多少是魔说?”仰山慧寂回答说：“总是魔说。”禅宗将传统佛教的东西当作是空的，它主张不写文字，反对读经，就是将佛经也视作空了。它的超越性在于几乎否定了自身，否定了自身作为一种宗教的根据，走上了一种更高更新的境界。

有一天，古灵禅师在灯下读经，见一只苍蝇因为被纸窗挡住，怎么也飞不出去。苍蝇即使把窗户撞得吱吱作响，结果仍然不能飞出窗外。为此，古灵禅师作了一首诗：“空门不肯出，投窗也太痴。百年钻故纸，何日出头时。”苍蝇由于不晓得飞出房屋的正途，只能拼命地往窗户上撞，即使劳累至死也飞不出屋里。同理，如果醉心于经典的文字义理，而不从中去感悟，去活学活用，让“本本”成为束缚，这与苍蝇没有两样。为此，慧能提醒法达，即使诵经三千遍《法华经》，也只是“钻旧故纸堆”的知解之徒，不但对自己修心无用，还成为大碍，衍生了傲慢之心，不但是无益的，而且是有害的。

慧能反对使用文字和语言，表现了超越理性的特征。他认为理性只会使人远离佛性，感性可以接近真理。为此，禅宗有许多公案，他们的开悟往往是通过棒打、口渴、饮茶等形式，触发人的主体自觉，而直指人心。慧能强调的是“以心传心”，讲的是“明心见性”。人因执着而丧失了本性，有时需要当头一棒或大喝大声，而使人在震惊中头脑一片空白，失去了理性的遮蔽，就得幡然悟道。

三、把“中道”的智慧运用于生活和工作

“中道”是一种天地之道，是佛法本性，可以运用于开发我们的智慧，也应当成为我们的处世方式。

（一）要把“中道”作为一种辩证思维

《六祖坛经·付嘱品》是慧能临终对弟子讲“中道”

的辩证法。他告诉弟子如果有人向你们请教佛法，回答要兼顾相对应的两个方面，说出的话要成对，要互为因果，最终使相对的两个方面都被否定，也就是外本体上没有去来之处。他还提了“三十六对法”，分别是：

（1）对法外境无情有五对：天与地，日与月，明与暗，阴与阳，水与火。

（2）法相语言有十二对：语与法，有与无，有色与无色，有相与无相，有漏与无漏，色与空，动与静，清与浊，凡与圣，僧与俗，老与少，大与小。

（3）自性起用有十九对：长与短，邪与正，痴与慧，愚与智，乱与定，慈与毒，戒与非，直与曲，实与虚，险与平，烦恼与菩提，常与无常，悲与害，喜与嗔，舍与悭，进与退，生与灭，法身与色身，化身与报身。

慧能在这里讲的“中道”，不是玩文字游戏，讲的是对立统一，在一定条件下，是可以互相转化的。这一观点与老子《道德经》中所讲的“故有无相生，难易相成，长短相形，高下相倾，音声相和，前后相随”的看法是一致的，揭示了事物的辩证法。

这种“中道”思想是一种圆融的思维，教会我们换一个角度看问题。在顺境之时，居安思危，在逆境之时，乐观向上。比如在处世上，“方”与“圆”各有优点，只有融通起来才是完美的，这就是“心方智圆”，心中是方正的、无邪的，但在外表的行为则是圆融的。唐朝布袋和尚写了一首诗：“手把青秧插满田，低头便见水中天。心地清净方为道，退步原来是向前。”善于换位思考，就可以发现一个新的天地，拥有一个更广阔的世界，拥有旷达的心境。

这种“中道”的思想是一种系统思维。慧能的“中道”思想可以归结为“佛法不二”，即统一于“一”，“一”就是一个系统，是“天人合一”。从大的系统看，有宇宙、地球、国家，从小的系统看，每一个人的身体也是一个系统。宇宙、地球、国家与每一个人环环相扣，相互联系，相互作用，形成了一个共同体。这一思想要求我们不要用孤立的、片面的观点看问题，在系统中找准自己的位置，发挥独特的作用。

这种“中道”的思想也是一种开合的思维。“中道”的思想是中和、开放、开明的心态，博采众长，取长补短。一种事物的发展，都是在异质的重组中获得新的生命力。在生物学上叫作“杂交”，如杂交水稻之所以高产，是因为良种之间的渗透。当今的许多新兴学科，也是互补的结果。因此，要用开放的心态去接纳、借鉴，为我所用，批判性地继承，创造性地转换，实现新的生机与活力。

（二）要将“中道”作为处世方式

“中道”要求我们以“中和”作为处世准则，不偏激，不走极端。

《论语·先进》记载：子贡问：“师与商也孰贤？”子曰：“师也过，商也不及。”曰：“然则师愈与？”子曰：“过犹不及。”这段话说的是：孔子的学生子贡曾经问孔子：“子张和子夏这两个人谁更贤能？”孔子说：“子张有些过头，子夏有些不足。”子贡接着说：“那么就是说子张要好一些了？”孔子说：“过头和不足是一样的。”这段话是对“君子而时中”的生动说明。也就是说，过分与不够貌似不同，其实质都是一样的，都不符合中庸的要求。中庸的要求是恰到好处。孔子在《论语》中还说：“中庸之为德也，其至矣乎。”意思是说：中庸大概是最高的德行了吧。因为中庸之道是最高的德行、最高的道德标准。孟子说：“孔子不得中道而与之，必也狂狷乎！”狂者勇于进取，但行为有所不掩；狷者守节，但应进而退，二者均未得中道，得中道者，行为气节，进退得宜。有一个愚人吃盐巴的故事，说明了适度适量的重要性。

从前有一个愚人，到别人家做客。愚人吃了几口主人做的菜，觉得淡而无味。主人察觉到了，给菜加了一点盐，他吃后便觉得味道很美。回到家里，愚人想，菜的味道是因为有盐，才加了那么一点盐，菜就那么好吃，如果多加点岂不更好吃？于是，他往菜里加了一大把盐，结果又苦又难吃。

有一句民谚云："帆扬五分船便安，水注五分器便稳。"五分即一半也。中庸是一种练达知度的生活哲学。一张一弛、劳逸结合是最好的状态。

在现实生活中，关键在于把握好一个"度"，即恰到好处。如品酒不可不尽兴，又不可大醉；吃饭，不可不饱，又不可暴食；交友，不可不防，也不可多疑；对人，不可有傲气，又不可无傲骨，这就是做到合适的状态。

把握好"度"，主要还是要防"过"。"不及"有时还有补救的机会，而“太过”则无法挽救。正如“夹生饭”再加热还是可以吃的，但假如烧焦了则无法挽回。“走极端”是世人常犯的一个毛病，如过激、过火将导致不良后果。有人对此作了一个总结：

大喜易失言，大怒易失礼；
大惊易失态，大哀易失颜；
大乐易失察，大惧易失节；
大思易失爱，大醉易失德；
大话易失信，大欲易失命。

可见，坚持“中道”重在防“过”。

（三）要用“中道”培养平和、平静的心态和性格

刘劭在《人物志》中把“中庸之人”称为圣人，认为是品性最优的人。古希腊哲学家亚里士多德用“中道”解释人的性情，这里的性情是介于怯懦与鲁莽之间的，是奋发有为；就品格来说，介于清高和龌龊之间的，是力行、好学和知耻；介于吝啬与奢侈之间的，是慷慨大方；介于怠惰与过劳之间的，是意气风发、有劳有逸；在卑屈与骄傲之间的，是谦虚谨慎；介于封闭寡言与巧言令色之间的，是彬彬有礼不妄言；介于乖僻与滑稽之间的，是事理通达、心平气和、风趣幽默；介于寻衅好斗与猥琐自卑之间的，是不卑不亢、友善可亲；介于优柔寡断与冲动任性之间的，是自我克制。

结　语

重读《六祖坛经》，是一次中国心学的寻宗之旅，是智慧的开启，是心灵的修炼。慧能大师贯通了三教的理论，用创新的胆识和勇气，开创了把佛学中国化、平民化、生活化的新境界，创立了禅宗顿悟法门，为中国乃至世界“心文化”的复兴和创新发展打开了一扇大门。当人们静心品《六祖坛经》时，心灵得到了净化、美化，得到了安顿，得到了宁静，每一个人都将充满善心、爱心，社会将充满温情、温暖，世界也会变得更加美好！

参考文献

1. 邓宇英译注:《金刚经·坛经》(第 2 版),广州:广州出版社 2004 年版。

2. 陈载暄:《禅韵心香》,北京:世界知识出版社 2010 年版。

3. 净因法师导读及译注:《六祖坛经》(第 3 版),北京:中华书局 2017 年版。

4. 丁福保笺注,陈兵导读,哈磊整理:《坛经》,上海:上海古籍出版社 2011 年版。

5. 陈秋平、尚荣译注:《金刚经·心经·坛经》,北京:中华书局 2007 年版。

6. 韩建萍、魏峰编著:《佛喻人生智慧》,北京:民主与建设出版社 2007 年版。

7. 星汉:《给大忙人看的佛法书大全集》,北京:中国华侨出版社 2010 年版。